"우리가 집안의 구석에
몸을 피하고 있을 때,
스스로 잘 숨겨져 있다고 믿는
우리의 몸 주위에 하나의
상상적인 방이 건조된다.
이 부동성의 공간은
존재의 공간으로 지적되어야 한다."

가스통 바슐라르,
『공간의 시학』

KB108766

인문잡지 한편
2024년 1월
13호

집

집 안팎을
흐르는 바람

나는 경기도 안성의 사방이 논밭인 시골에서 자랐다. 봄이면 비료로 뿌린 축분 냄새가 온 동네에 진동하고, 여름이면 방충문 앞까지 벌레와 뱀, 생쥐가 지나다니곤 했다. 꽤 최근까지 도시가스가 없어 기름 보일러를 땠다. 동네 아이들은 초등학교 4학년쯤 되면 스쿠터를 몰 줄 알았다. 밭에 나간 어른한테 삽이나 간식을 갖다주는 심부름 정도는 해야 했기 때문이다. 시내 중학교에 가려면 한두 시간에 한 대꼴로 오는 버스를 잘 맞춰 타야 했다. 어린아이 특유의 무지와 낙천으로 당시엔 황폐함을 잘 몰랐다. 머리가 좀 큰 뒤 반드시 서울의 학교로 진학해 이곳을 영원히 떠나고 싶은 마음이 강렬했던 만큼, 유년의 풍경에 아름다움과 그리움을 느끼는 마음 역시 내 깊은 곳에 그대로 있다. 나는 봄이 오면 쑥을 뜯고 싶고, 귀촌을 꿈꾸는 베이비붐 세대를 이해한다.

엄마가 되고 나서는 혼란이 내 기본 상태다. (짧은 순간 벅차게 느끼는) 엄청난 고양감과 행복, (하루의 대다수) 어느 것 하나 제대로 하고 있지 못하다는 자기 부정과 죄책감 사이에서 몸도 정신도 쪼개진다. "'빨리 내일이 왔으면 좋겠어. 네가 아이 봐주는 날이잖아. 하지만 아침에 애들을 두고 나가는 게 힘들어.' 우리는 언제나 말이 두 문장으로 이루어져 있다는 걸 배웠다. 두 번째 문장은 첫 번째 문장과 모순되는 것처럼 보이지만 그 안에는 일관성이 있다. 우리가 양가성을 더욱 잘 받아들일 수 있게 되었기 때문이다."(제인 라자르, 『분노와 애정』)

무슨 일이 있어도 저녁 일찍 아이 옆에서 잠들어야 하는 중력과 새벽 알람에 총 맞은 것처럼 집을 나서기. 나도 아는 것을 찾으려 자꾸 문장을 뒤진다. "저처럼 우울한 엄마들이 진짜 있나 궁금해서 왔어요."(수미, 『우울한 엄마들의 살롱』) 하지만 읽으면 무엇이 달라지나? 다른 엄마들과는 진짜 통하는지? 비혼인 친구, 아이가 없는 동료들, 그리고 아이가 있는 남자들에게 말하는 게 무슨 의미가 있을까? 이런 생각을 하면서도 아주 사적인, 집에서 일어난 이 엄청난 일들을 못 참고 터뜨리듯 말한다. 난 친구와 동료들을 감정 쓰레기통으로 쓰는 걸까? 그런데 이런 얘기를 집 밖에 해도 될까? 모든 걸 엎지른 후 집으로 돌아가는 길 홀로 난망함과 수치심에 빠진다.

양가성의 진실, 존재의 공간

클라우디아 골딘이 2023년 노벨경제학상을 수상했을 때 『커리어 그리고 가정』(2022)을 읽고 동료 맹미선 편집자와 함께 『가부장 자본주의』 북토크를 했다. 두 책을 같이 읽으니 여성의 일터와 집 사이에서의 분투가 단순명료하게 설명되었다. 그렇다면 일하는 엄마인 나는 '이렇게' 살 수밖에 없나? 지방의 남성은 외벌이 남편과 전업주부 아내로 구성된 오래된 가족을 꿈꾸고(천현우, 「지방 총각들도 가정을 꿈꾼다」, 《조선일보》), 중산층 맞벌이 부부는 저임금 국가 출신 가사노동자를 적극 도입하는 것만이 해법이라고 경험담을 들려준다.(김현철, 『경제학이 필요한 순간』) 이 사이에 내 갈 길이 있을까?

《한편》 13호 '집'이라는 주제는 이런 의심과 주저함에서 시작했다. 집은 어떤 공간인가? 우리는 어디서 어떻게 살고 있나? 너무나도 다른 경험 속에서 연결될 수 있는 부분이 있을까? '집' 이야기를 꺼내 놓을수록 오히려 한 쪽은 더욱 입을 다물게 될지도 모른다. 서로 연결되는 것은 쉽지 않다. 그렇더라도 공통분모를 찾기 위해 아주 작은 단위에서 거하는 장소, 쉽사리 떠날 수 없는 장소인 몸으로부터 시작할 수도 있지 않을까.

코로나 팬데믹이 한창이던 2022년 4월 태어난 아이는 생후 일 년을 거의 집에만 있었다. 나는 육아 휴직을 내고 일 년 동안 거의 전적으로 아이를 돌보는 일을 했다. 돌봄은 새롭고도 무거운 임무였고 집의 의미는 순식간에 바뀌었다. 출산 후 임신이 끝났으므로 내가 알던 몸으로 돌아올 것이란 막연한 생각은 큰 착각으로 드러났다. 수유를 통한 아이와의 연결은 특별했지만 그만큼 버거웠다. 더 이상 집은 내게 쉬는 곳이 아니었고, 내 몸도 전처럼 편안해지지 않았다. 집과 몸의 양가성에 대해 조금이라도 먼저 깨닫고 있었더라면, 마음이라도 좀 편안했을까. 아래 세 편은 몸과 존재, 공간의 양가성을 다룬다.

작가 영이는 자신의 집을 '나'의 안전 영역으로 정의하고 이를 침범하는 데 즉각적인 분노와 적개심을 느낀다. 「내 영역」에서 밝힌 트랜스젠더로서 최근 새로운 과정에 들어선 신체적 트랜지션의 경험은 이러한 침범에 대한 분노와 공포의 감정이 드디어 자신의 몸에 닿게 했다. "내 영역"에 대한 본능적인 감정은 생명의 근본 원리와 같은 것 아닐까.

한편 불문학자 김영욱은 「장자크 루소, 집 없는 아이」에서 루소가 그의 방대한 사유를 형성하기까지 중요한 배경이나 제대로 주목받지 않았던, 부랑아로서의 경험에 주목한다. 근대적 가족을 중심으로 한 집의 개념이 막 형성되던 17~18세기, 안정적인 집은 그때도 특권이었다. 그런데 철학자에게는 잠시 머물 수 있을 뿐인 집들을 떠돌던 비참한 어린 시절이 도리어 특권이 된다. 자신의 다섯 아이를 모두 버린 것으로도 악명 높은 루소가 "아이처럼 해맑게" 새 집으로 떠나는 모습을 보면 평생 아이이고자 하는 욕망을 철저히 따르는, 그 자유로움을 부러워하게 된다.

스케일을 우주적으로 키워 본다. 우리의 집은 "창백한 푸른 점" 지구다. 철학자 이지선은 영화 「그래비티」의 아이를 잃은 엄마가 결국 우주라는 저 먼 공간까지 도망쳤다가 어렵게 지구로 돌아오는 이야기를 들려준다. 화성을 테라포밍하고자 하는 일론 머스크의 화려한 꿈처럼, 우주는 영원한 도피처가 될 수 있을까? 지구로의 귀향도 따뜻하고 포근하지 않다. 죽을 고비를 넘기고 다시 지구에서 일어서는 걸음을 떼며 그는 비틀거린다. 「21세기 우주인의 귀향」이다. 인류세를 극복하기 위해 지구를 세심하고 치밀하게 다시 살피는 길이 더욱 어려운 길인 것처럼.

우리는 누구와 부대낄지 고를 수 없다

작년부터 다시 경기도 안성에 살게 된 나는 회사 연말 파티에서 왕복 시간 3시간 30분, 차비 13700원으로 가장 먼 데서 비싸게 통근하는 사람으로 꼽혔다. 서울에서 이사 왔고 직장도 서울이고 지금 집은 월세라고 하면 이웃들도 당황한다. "거기서 살지 왜 오셨어요?" 경악을 이해한다. 이유는 간단한데, 아이 조부모 옆집에 살며 육아 도움을 받기 위해서다. 휴직 동안 나의 간절한 소원은 집에 더 많은 사람들이 있어서 그들이 이 집에서의 생활을 위한 노동을 나누고, 함께 대화를 나눠주는 것이었다. 진학이나 취직을 계기로 20대에 서울로 이주했다가, 30대에 주택 구입이나 가족과 함께 거주하기 위해 다시 경기도로 이주하는 흐름에 나도 한 방울 더 보탠 것이다.

최근 몇 년간 탄생한 부동산 관련 신조어 중 특히 지역을 비교할 때 쓰는 상급지, 하급지, 민도 등의 단어는 이웃과 주변 환경을 고를 수 있다고 여기는 생각이 반영되어 있다. 이렇게 여러 방면 꼼꼼히 따져 살기 좋은 곳에 살고 싶다는 것이다. 그런데 살기 좋은 곳은 어디일까? 나의 아이를 키우고 싶은 곳은? 미국의 도시 연구자 제인 제이콥스는 『미국 대도시의 죽음과 삶』(1961)에서 '아이를 잘 키우기 위해' 이주하는 교외의 단독주택 마을, 계획 조성된 주택 단지 등의 전통적인 도시계획에 의문을 표한다. 살기 좋은 도시는 주택 지구와 상업 지구, 업무 지구가 단절되어 있지 않고, 사람들이 그 도시 구석구석을 걸어 다니며 느슨하고 촘촘하게 연결되는 곳이다. 뉴욕 도심의 길거리에서 노는 아이들은 더 많은 이웃과 상점 주인, 점원의 재빠른 눈초리 아래서 오히려 교외의 아이들보다도 안전할 수 있다.

집을 사이에 두고 안팎으로 개인이 통제할 수 없는 것은 단지 이웃만이 아니다. 「나의 깨끗한 집 만들기」에서 환경사회학자 박진영은 가습기살균제 피해에 대해 연구하면서 화학물질의 위험성에 대해 잘 알지만, 그 역시 집에서는 어떤 세제를 어떻게 써야 안전한지 헷갈리는 상황을 고백한다. 집이라는 사적 공간이자 집 안팎을 움직이는 개인들에게 화학물질의 사용과 그 책임은 어떤 식으로 성립할 수 있을 것인가 묻는 한편이다.

사회학자 육주원은 「이슬람 사원 짓기」에서 대구 이슬람 사원 건립을 둘러싼 '주민' 간 충돌을 지켜보고 평화적 해결을 위해 그 현장에 함께했던 경험을 통해 집 만들기와 텃세의 동학을 살핀다. 반대하는 주민보다 동네에 오래 살았던 무슬림 유학생들은 왜 우리는 '주민'이 아닌지 의아해한다. 외국인 학생을 유치하기만 한 국립대, 탄원서 한 장에 공사를 중단시키는 행정기관, 혐오 표현을 제지하지 않는 경찰 등 국가의 부작위를 고발한다.

2011년 3월 원전 폭발 사고가 일어난 후쿠시마는 원래 산나물이 많이 나고 밤하늘에 별이 총총한, 자연이 풍요로운 곳이었다. 사고 후 13년이 되어가는 지금, 여전히 그곳의 공기와 물건, 사람들에게서 기준 이상의 방사능 수치가 검출된다. 이곳 사람들은 왜 이런 곳에서 계속 살까? 인류학자 오은정은 「후쿠시마의 주민들」에서 방사능이 이들의 삶을 송두리째 바꾸었음을, 그러나 쉽게 떠날 수 없음을 조심스레 묻고 듣는다. 공기, 음식, 해류를 통해 움직이는 방사능은 그들과 우리가 연결되어 있음을 원치 않아도 알게 한다.

소유에서 점유로, 사에서 공으로

대학교에 진학하면서 친구 둘과 셋이서 서울 변두리의 방 세 개 아파트에 월세를 얻었는데, 그곳에서 평생 가장 많은 맥주와 감자칩을 먹게 된다. 이 하우스셰어를 시작으로 서울에서 십여 년 동안 공부하고 직장 다니며 혼자 혹은 룸메이트와 함께 기숙사, 원룸 빌라, 원룸 아파트 등에서 살았다. 집이 아닌 방에서 사는 것이 너무나 지겨울 무렵 결혼을 하고 집을 샀다. '영끌'이라는 말이 무척이나 미디어에 자주 등장하던 때였다. 평생 서울의 부모 집에서 살아 내 집착을 이해하지 못하는 남편을 볶아, 신혼부부 생애최초 주택 구매 정부 대출을 받아 높은 언덕 위 작은 구축 아파트를 샀다. 나는 아름답고 편안한 이 집과 동네를 무척 사랑했다. 작은 가게와 골목들, 아파트 복도에서 내려다보이는 풍경, 오래되어 안정감 있는 분위기……. 가까운 장래에 집을 살 의향이 있다는 주위 사람을 만나면 "우리 집, 진짜 좋아."라며 추천했는데, 여러 반응을 겪은 후 그만두게 되었다. 이 집은 그다지 매력적인 자산이 아니었다.

한국의 경우 많은 집의 몰락은 1998년 IMF 사태를 공통분모로 갖고 있다. 다큐멘터리 감독 마민지는 소위 '집 장사'로 집값이 계속해서 우상향하던 시기에 승승장구하던 자신의 가족이 어떻게 망했는지 다큐멘터리 「버블 패밀리」, 후속으로 이어진 책 『나의 이상하고 평범한 부동산 가족』에서 다룬다. 이제 가스비도 제대로 내지 못할 만큼 쇠락했지만 개발 호재가 있는 아직은 '밭'일 뿐인 땅을 사둔 엄마에게 혀를 내두르면서도, 이 집과 땅에 대한 집착을 이해할 것만 같다는 독백으로 끝난다. 나에게도 있는 욕망을 쿡 찔린 느낌이었다.

경제학자 조원희는 「전세 제도의 미래」에서 지난 40년간 한국에서 집값은 하락하는 일이 없었음을 짚어 준다. 그 자신 베이비붐 세대로서 이 시기를 겪은 경제학자의 분석은 한국에만 있다는 전세 제도가 지금까지 어떻게 유지되어 온 것인지, 집이 어떻게 특별한 금융상품이 되었는지 설명한다. 그런데 계속 우상향하는 상품이 과연 존재할까? 집값의 장기 우상향을 겪지 못한 젊은 세대에게 그가 던지는 제안은 공공 주택의 더 많은 보급을 요구하자는 것이다.

베이비붐 세대가 청년이던 때 집을 사기 위해서는 연 소득의 다섯 배 정도면 충분히 괜찮은 집을 살 수 있었지만, 현재는 서울 같은 경우 연 소득 대비 스무 배가 된다.(「'영끌', '빚투'…한국 청년들은 어쩌다 연봉 3배의 빚을 지게 됐을까?」,《BBC코리아》) 청년 1인 가구 10명 중 9명이 세입자로 살고 있지만 마땅히 보호받아야 할 권리는 종종 땅바닥에 내팽개쳐진다. 청년 세입자를 위한 시민단체 민달팽이 유니온의 활동가 지수는 「집이 없어, 하지만!」에서 "소유권의 한편에는 주거권이라는 개념이 있다."라고 힘주어 말한다. 집을 소유하지 못한 이들도 집에서 편히 살 권리가 있다. 그림책 작가 조원희는 『우리 집은』에서 임대 아파트에 사는 아이의 눈으로 주거와 삶의 질의 관계를 풀어냈다. 아마도 민간 임대였을 이전 집에 비하면 지금의 공공 임대 아파트는 너무나 살기 좋다. "우리가 살고 있으면 우리 집이지." 마민지 역시 집과 땅에 대한 집착에 시달리던 부모가 비로소 여유로운 삶을 살기 시작했던 것은 최근 공공 임대 주택에 입주하면서였다고 회상한다.

　처음 혼자 살 원룸을 구할 때 부동산 중개인 아줌마는 이 건물은 맨 윗층에 주인 세대가 살고 있어 관리가 잘 된다며 강력 추천했다. 쪽방은 그런 면에서 세입자와 임대인이 매우 상이한 주거 형태다. 건물 소유자들은 재개발을 염두에 두고 있기 때문에 집을 절대 수리해 주지 않는다. 빈곤사회연대 활동가로 서울역 맞은편 쪽방 최대 밀집지 동자동 사람들을 지원하는 이재임은 당당하게 나는 여기서 집도 스스로 고치고 이웃과 함께 산다고 말하는 주민 김정호의 목소리를 옮긴다. 「쪽방의 장례식」은 상상의 일만은 아닐 것이다.

　삶의 마지막을 준비하는 이들을 위한 호스피스 의료원의 의사 김호성은 집에서 죽는 것이 당연했던 시대를 지나 모두가 병원에서 죽음을 맞이하는 지금, 어떻게 죽을 것인지 묻는다. 마지막 순간이 다가올수록 우리는 오로지 타인의 돌봄 속에서 살 수밖에 없다. 그곳이 집인지, 가족이 돌보는지는 가치에 우위가 없다. 어떻게 살 것인지 작은 것이라도 스스로 정할 수 있을 때 자유롭다고 느끼듯이 어떻게 죽을 것인지 역시 마찬가지다. 「마지막 둥지를 찾아서」는 집과 병원, 삶과 죽음은 무 자르듯 나뉘지 않고, 그 사이 무수히 촘촘한 선택이 있음을 일깨운다.

　그럼 나는 어떻게 살고 싶나? 집의 이야기 열 편을 준비하며 나는 집 이야기를 하는 것이 좀 더 가벼워졌다. 이야기할수록 가족, 친구, 동료들이 노동도 정신의 짐도 나눠 가져간 덕이다. "자기 이외의 모든 장소들에 맞서서, 어떤 의미로는 그것들을 지우고 중화시키고 혹은 정화시키기 위해 마련된 장소들. 그것은 일종의 반공간이다. 이 반공간, 위치를 가지는 유토피아들."(미셸 푸코, 『헤테로토피아』) 푸코의 헤테로토피아가 정상에서 벗어난 공간을 뜻한다면, 나의 몇몇 헤테로토피아가 떠오른다. 결국 집까지 싸들고 온 교정지는 그대로 내버려 두고 아이와 네발로 침대를 기며 웃는 밤의 침실, 회사에 대한 불평과 책에 대한 감상과 기획, 일상의 독백이 뒤섞여 끊임없이 흘러가는《한편》편집진의 구글 채팅창, 이른 아침 커피 때려 넣으며 우울을 중얼대는 블로그 이웃공개 게시물 등이다. 계속 부풀어 오르다 터지지 않게 한번 바람을 빼 주는 것들. 집의 의미가 계속해서 변화하고 있고 집의 안팎으로 물질과 인간과 이야기가 오간다. 집 이야기를 또 하고 말았다는 수치심을 좀 더 걷어내 본다. 일터와 집 사이, 집 안팎에 사실은 무수한 선택지가 있고 엄마 노릇 역시 그렇다. 별소리를 다 했다는 후회보다는 바람처럼 자유롭게, 원하는 대로 스스로 흘러나오는 행위 자체에 마음이 기운다. 모두가 자신이 원하는 만큼 집의 이야기를 할 수 있을 때, 집은 안으로부터 썩지 않을 것이다.

이한솔(편집자)

일러두기

[1] 저자의 주는 각주로 표시했고 참고 문헌은 권말에 모았다. 외래어 표기는
국립국어원의 외래어 표기법을 따랐으며 일부 관례로 굳어진 것은 예외로 두었다.

[2] 단행본은 『 』로, 논문, 기사, 영화 등 개별 작품은 「 」로, 잡지 등 연속간행물
은〈 〉로 표시했다.

내 영역

영이

영이   폭력과 고통, 그리고 분열의 상관 관계에 관심을 갖고 글을 쓴다. 한국예술종합학교 연극학과 예술사를 졸업하고 친문사에 채택 중이다. 『정서 지도 그리기』, 『밑 빠진 독(毒)에 물 붓기』, 『월간 종이』 등을 제작하고 전시 'STARRY STARRY NIGHT', 'oh-my-god-this-is-terrible-please-don't-stop', 'good mourning'을 번역했으며 연극 「오페라 샬로트로니크」 드라마터지를 맡았다. 2023년 제2회 『게임제너레이션』 게임비평공모전에서 「게임과 행위 원리: 놀이와 협박」으로 수상했으며, 웹진 《연극in》과 《게임제너레이션》에 비평을 게재하고 있다. https://twitter.com/monthly_paper

[주요어] #영역동물 #트랜지션 #신체주권
[분류] 문학 > 에세이

"결속하는 동시에 배제하는
무리 동물의 습성에서 벗어나
단독자들 각자가
집과 집 사이 경계에서
만나는 세계를 상상한다."

한 아이가 탯줄조차 떼지 않은 채 방 안에 버려진다. 아파트 관리인에게 발견되어 목숨은 건지지만, 아이는 고아원에 들어간 이후로도 자신이 버려졌던 아파트 302호로 끊임없이 되돌아간다. 그는 태어나자마자 아무도 없이 혼자 덩그러니 누워 있었던 그 집을 자신의 '어머니'로 인식하게 된 것이다.

호러 게임 「사일런트 힐 4」(2004)의 등장인물인 월터 설리번은 출입을 방해하는 아파트 입주민들을 포함한 총 21명을 살해해 제물로 바침으로써 어머니 302호를 되살리려고 한다. 게임의 배드 엔딩에서 의식에 성공한 월터는 마침내 302호 안에 누워 다음과 같이 말한다.

"나 왔어요……. 누구도 날 방해하지 못하게 할 거예요……. 엄마하고 영원히 함께 있을 거예요……."

부활한 302호에 홀로 누운 월터를 바라보며 아늑함과 슬픔이 동시에 느껴졌다. 그토록 '어머니'와의 연결을 원하더라도, 잃어버린 연결은 복구도 회귀도 불가능하다는 데에서 오는 감각이리라.

영역 동물들

나는 아무리 친한 친구라도 집에 초대하지 않는다. 함께 거주하고 있지 않은 존재가 현관에 발을 들여놓는 것만으로도 마치 신체에 이물질이 침입한 듯한 느낌을 받는다. 플라스틱, 비닐 등의 무기물이 몸 안으로 들어오거나 기생충이 피부를 뚫고 침입하는 감각. 빼낼 수 없는 것이 내장 안에서 돌아다니는 감각. 나는 내 집이라는 공간에 외부의 존재가 들어오면 정신적 면역 반응을 일으키는 것이다.

물론 일반적인 인간은 월터 설리번이나 나처럼 '나'와 '내 집'의 관계에 극단적으로 집착하지도, 공격적인 동시에 방어적으로 굴지도 않는다. 다만 그것은 일반적인 사회에서 사회화된 인간이 곧 일반적인 인간이기 때문이다. 인간이 어울려 살 줄 안다는 건 그런 것이다. 사회화되지 않은 인간을 두고 사람들은 '짐승 새끼에 가깝다'고 이야기한다. 그러나 동물에게도 사회화 과정은 존재한다. 사회화란 무리 생활을 하는 동물과 단독 생활을 하는 동물을 가르는 기준일 뿐이다.

개체가 집단으로 영역을 확장시키는 사회화 과정은 내 집 밖의 타인을 향한 적개심을 사라지게 하지 않는다. '나' 아닌 외부를 향한 공격성이 '우리'가 아닌 타자를 향한 배타성으로 전환되는 과정일 뿐이다. 자신의 영역 안으로 이물질을 들이는 데에 무던한 이는 이물질 자체에 무던한 것이 아니다. 그저 자아 영역을 확장하고 그것과 자기 자신 사이에 이물감을 느끼지 않을 수 있는 대상이 비교적 많을 뿐이다. 이들도 '우리' 바깥의 존재에게는 '너는 우리의 일부가 아니다'라고 말하는 데에 거리낌 없을 뿐 아니라 당당하기까지 하다. 어울려 산다는 말 앞에는 어디까지나, 언제까지나 '자기끼리만'이라는 말이 생략되어 있다. 너무 당연해서 구태여 입 밖으로 꺼낼 필요조차 못 느끼기 때문이다.

자아의 영역

인간은 가만히 내버려 둬도 도시나 마을을 이루고 잘들 모여 사는 동시에 햄스터처럼 함부로 합사했다간 입과 손에 피를 잔뜩 묻힌 하나의 개체만 남는 일도 발생한다. 그래서 인간에게는 집이 필요하다. 영역이란 자아의 연장을 의미하므로, 받아들일 수 없는 다른 자아와 영역이 겹칠 시 어느 한쪽은 반드시 제거되어야만 한다. 나의 자아를 "해체"하는 자아는 "독"과 같다. 반대로 나의 자아를 "증가"시키고 "보존"되게 하는 자아와는 영역을 공유할 수 있다.[1]

그렇다면 애초에 '내 영역'이라는 것이 어째서 자기 신체의 연장처럼 느껴지게 되는가? 월터 설리번은 어째서 자신이 버려졌던 방을 어머니와 등치시켰는가?

모든 생명에게는 모체가 존재한다. 모체를 가지는 것이 생명의 조건이라고 바꿔 말할 수도 있다. 인간, 영장류, 포유류, 척추 동물에게만 모체가 있는 것이 아니다. 모든 생명체는 '어머니'를 갖고, 나아가 그로부터

---

[1] 질 들뢰즈, 박기순 옮김, 『스피노자의 철학』(민음사, 2001), 39, 54쪽.

분리를 겪는다고 말할 수 있다. 이때 '어머니'라는 존재는 '여성'과 같은 성 구분을 생산하는 젠더화와 무관하다. 실재적 차원에서 분리가 일어난 이후에도 이 '어머니'는 자아의 상상적 차원에 여전히 잔존한다. 이때 한 동물이 자아로부터 상실된 모체의 영역을 외부 공간으로 (완벽하게는 아닐지라도) 대체한다면 그는 영역 동물인 것이다.

　그런데 때로 이 모체의 영역에 동물 그 자신의 신체가 포함되지 않을 수도 있다. 한 개체에게 '어머니'에 대한 애착이 너무 강하게 작용해 모체의 영역을 자기 자신보다 중요하게 여기기에 이르면, '나'의 몸은 정작 내 영역에서 빈자리로 남게 될 수도 있는 것이다. 월터가 어머니를 재림시키고자 희생시킨 21명 중에는 월터 본인도 포함되어 있었다. 그는 감옥에서 숟가락으로 목을 2인치가량 찔러 경동맥을 절단하는 방식으로 자살했다. 그에게는 태어나자마자 안겨 있었던 아파트 302호가 자신의 몸보다 더 진정한 '자신'이었던 것이다.

　나 또한 집에 관한 경계심은 민감하고 날카로운데도, 신체에 대한 보존 의식을 일절 가지고 있지 않았다.

택배 상자를 집 안에 들여놓는 것만으로도 극심한 이물감을 느꼈지만 내 몸을 향해 겨누어진 칼날은 전혀 위험으로 인식하지 못했다. 최소한 호르몬 대체 요법을 통해 몸을 자아의 일부로 인식하기 전까지는 내 영역에 내 몸이 존재하지 않았다. 처음으로 신체 보존 의식을 느끼게 해 준 이 트랜지션 과정이란, 어쩌면 내 영역 안에 덩그러니 놓여 있는 이물을 내 것으로 빚어내는 과정인 것인지도 모르겠다.

몸에서 살기

젠더 트랜지션 과정은 보통 전환의 영역에 따라 크게 두 가지로 나눌 수 있다. 우선 사회적으로 표현하고 받아들여지는 성별 양식을 전환하는 사회적 트랜지션이 있고, 물리적인 방식으로 몸 자체를 전환하는 신체적 트랜지션이 있다. 둘 다 스스로를 인식하는 이미지에 맞지 않던 사회적 기호, 신체를 자아상에 맞게 전환하는 과정이라는 점에서 공통분모를 가지며 두 과정은 서로 교차하기도 한다. 하지만 각 영역에서 벌어지는 전환 과정은 근본적인 차원에서 성질이 상이하다.[2]

흔히 '커밍아웃'으로 대표되며 착장, 대인 관계, 언어 사용 등에서 변화를 꾀하는 사회적 트랜지션은 분명 어떤 이들에게 매우 중요한 과정임이 틀림없지만, 한편으로 사회적 삶의 무게를 그다지 대단하게 취급하지 않는 이라면 대수롭지 않을 수도 있다. 사회적으로 가진 것이나 잃을 것이 많은 이들은 커밍아웃에 부담을 느끼며 거대한 서사를 구축하기도 하고 평생 벽장 밖으로 나오지 않고 숨어 살기도 한다. 나의 경우에는 성인이 되었을 때 사회적으로 보유한 그 어떤 자원도 없었기 때문에 곧바로 사회적 트랜지션을 시작했다. 그것은 이미 태곳적이라 할 만큼 오래전의 일이며 거의 모두 지나간 일이다. 그 시기에 수없이 다양한 희로애락이 존재했다는 사실을 부정할 수는 없지만, 또 한편으로 많은 부분이 덧없는 겉치레였다고 느껴지기도 한다.

그러나 지금 당장 진행 중인 신체적 트랜지션은 시작 전에는 상상도 못 했던 질량과 깊이, 부피로 존재

[2] 성전환자를 일컫는 데에 두 가지 용어, 트랜스젠더(transgender)와 트랜스섹슈얼(transsexual)이 혼용되는 것은 이러한 두 가지 존재 양식을 반영한다.

의 변화를 일으키고 있다. 신체적 트랜지션에 관해서는 성확정 수술이라고 일컫는 일련의 절차, 특히나 성기 재건 수술만이 부각되는 측면이 있다. 사회적 트랜지션이나 성확정 수술에 비해 상대적으로 잘 말해지지 않는 성호르몬 대체 요법이 현재 나의 존재 양식을 가장 크게 바꿔 놓고 있으며, 그 변화의 의미는 간과되어서는 안 될 뿐 아니라 생명의 존재 자체에 치명적이다.

사회적인 측면에서 내가 다른 누군가에게 어떻게 인식되는가는 타인과 접촉이 일어나는 순간순간의 문제이지만 내가 나 자신에게 어떻게 인식되는지는 의식이 깨어 있는 모든 시간 속에서 지속적인 문제다. 한 생명에게 신체는 존재의 최소한의 거주지다. 그런데 단 한 순간도 제외 없이 거주하고 있는 이 몸을 내 집으로 느끼지 못한다면 신변의 안전에 관심이 없게 될뿐더러 생명 보전 의식이라는 것 자체가 형성되지 않고, 더 나아가 스스로 몸을 파괴하고자 하는 경향을 띠게 될 수마저 있다.

나는 단 한 순간도 인식을 그만둘 수 없는 내 몸을 잊기 위해 중추 신경을 마비시키는 알코올에 과도하게 집착했다. 내 몸을 찢어발기는 폭력 앞에서도 완전하게 무감한 태도로 일관했다. 내 몸이라는 집을 벗어나는 것은 곧 생명의 끝을 의미함에도 말이다. 내 몸을 뒤덮은 온갖 흉터, 화상부터 절상, 자상에 이르는 상처들은 나 자신에 의해 새겨진 것과 타인에게 입은 것이 뒤얽혀 있으며, 이 구분 불가능성 자체가 폭력을 대했던 나의 입장이다. 스스로를 해하고 파괴하려고 했을 뿐아니라 외부로부터 가해지는 폭력들도 방치했고, 심지어는 조장하기까지 했다. 내 손으로 같은 자리를 한 번에 13번 정도 그었던 오른팔 안쪽의 흉터와 다른 사람 손에 쥐어져 있던 칼이 아랫배에 남긴 길이 19센티미터가량의 깊은 흉터(우연인지 두 흉터의 길이는 같다.) 모두 새겨졌을 때 상처 부위를 대충 신문지로 감싼 채 버스를 타고 집에 갔고 그 상태 그대로 방치하며 병원에도 가지 않았다. 술을 마시고 기억을 잃은 뒤 도대체 어디에서 생겼을지 가늠조차 안 되는 상처가 온몸에 새겨진 채로, 옷은 잃어버리거나 발자국이 남은 채, 전혀 알지 못하는 곳이나 길바닥에서 일어나는 건 일상이었다. 응급실에서 깨어날 때는 신고한 사람을 잔뜩 원망했다. 생명의 관점에서 가장 잔혹한 점은 이 모든 일을 겪는 동안 언제나 아주 조금이나마 즐거움이 깃들어 있었다는 점이다. 이태원 한복판에서 주위 사람들의 환호를 받으며 와인 한 병을 원샷하고는 아주 신이 나서 바닥에 술병을 내리쳐 깬 기억이 있다. 깨진 유리 조각과 사방에 흥건한 피는 토막 난 기억 속에서 흔하게 찾아볼 수 있는 것들이다.

내 영역에 대한 침범이나 인격적 폭력과 마주하면 자해로 반응했다. 이때 내 영역이란 몸을 대체하는 '나'이고, 몸은 '나'를 보호하기 위해 아무렇지 않게 남용할 수 있는, 그런 일이 없더라도 제거하고 싶은, 그럼에도 결코 완전히 제거할 수 없는 이물이었다. 이런 내가 처음으로 자해나 자살 시도를 멈추게 된 것이 바로 호르몬 대체 요법을 시작하고 난 이후다. 신체적 트랜지션을 시작한 초반에 외적으로 그렇게 두드러지지 않는 자잘한 신체 변화만으로도 나는 몸을 점점 이물로 느끼지 않을 수 있었다. 이물이 아닌 '내 몸'은 아직 완벽하게 편하지는 않아도 꽤나 누울 만한 집이었고, 아주 작은 부분이라도 내 것이라고 느낄 수 있으면 그 공간을 보전하고자 하게 되었다. 내 몸 바깥의 영역 침범에 항상 분노를 느꼈던 것처럼 신체를 향한 위험에 처음으로 공포라는 것을 느껴 보았다.

영이

"나는 입이 없다 그리고
나는 비명을 질러야 한다"

최근 여성 호르몬을 투약하고 있던 한 트랜스 여성이 시위 도중 체포되어 남성 교도소에 수감된 후 강제로 남성 호르몬을 처방받는 일이 벌어졌다.[3] 부모의 손에 의해 강제 디트랜지션(forced detransition)을 당하고 자살을 한 사례도 있다.[4] 트랜스젠더뿐만 아니라 많은 성소수자들은 일상적으로 전환 치료(conversion therapy)의 위협과 마주하고 있다. 이는 단순히 신체에 대한 침해인 이상으로 자아를 직접 살해하는 일이다. 거주지를 빼앗고 내 집을 내 집이 아닌 것으로 만드는 것. 심지어 이 집은 밖으로 나가거나 다른 집으로 옮겨 갈 수 없다. 나는 이 집에서 영원히 살 수밖에 없다.

이처럼 강제 디트랜지션과 같은 인격 살인이 행

[3] Amelia Hansford, "Sarah Jane Baker prison treatment 'amounts to medical detransition'," *PinkNews*(2023. 11. 12.).
[4] Anya Zoledziowski·Tim Marchman, "A Young Saudi Trans Woman Is Believed Dead After Being Lured From the US and Forced to Detransition," *VICE*(2023. 3. 16.).

해지는 이유는 '내'가 그들에게 '우리'가 아니기 때문이다. 그들은 자신들의 일부가 아닌 이물질을 향해 면역 반응을 행사해 자신들과 유사한 형태로 '치료'하고자 하는 것이다. 이물질을 외부로 몰아내거나 그저 파괴해서 없애 버리고자 하는 면역 반응은 이미 익숙하다. 2023년 한 해 동안 세계적으로 321명의 트랜스젠더가 살해당한 것으로 보고되었다.[5] 그러나 자신들의 일부로 동화(assimilate)하고자 하는 움직임은 생명을 빼앗는 것을 넘어서 생명의 최소한의 존재 근거마저 죽인다. 영역 침범. 주권 찬탈. 식민지화. 집을 뺏긴 나는 내 몸에서조차 죽을 수가 없다.

최근 혈연 중심의 가족 관계로부터 친밀성을 중심으로 한 친족 관계로의 이행을 꾀하는 기획이 많이 이루어지고 있다. 하지만 그보다 중요한 것은 공동체를 형성하는 소속감, 일체감, 동질감의 패권적 결속력으로부터 어차피 같지 않음을 전제로 하는 단독자들 간의 이질적 호기심으로의 이행이라고 생각한다. 자기

[5] Transgender Europe, "Trans Murder Monitoring 2023 Global Update." https://transrespect.org/en/trans-murder-monitoring-2023/

자신이 아닌 모든 것에 경계 태세를 내리지 않으면서도 그것들의 '다름'에 일종의 흥미, 즐거움을 가지는 태도다.

애초에 누군가를 나와 같은 이로 규정하고 '우리'를 형성해서 안전감을 느끼고자 하는 속셈이야말로 무리 동물의 가장 비열한 습성일지도 모른다. '어머니' 이후에 '나'와 같은 존재는 없으며, 따라서 진정한 의미에서 '우리 집'이란 존재하지 않음에도 단지 불안과 공포를 줄이겠다는 이유로 눈 가리고 아웅하는 꼴이다.

결속하는 동시에 배제하는 무리 동물의 습성에서 벗어나 단독자들 각자가 집과 집 사이 경계에서 만나는 세계를 상상한다. 결국 단독자들 간의 접촉이 모두의 모두를 향한 영원한 적대로 이어지지 않으려면 단독자들 각자에게 충분히 집이, 신체의 주권이, '어머니'의 영역이 보장되어야만 할 것이다.

장자크 루소,
집 없는 아이

김영욱

김영욱　　서울대 불어불문학과 부교수. 장자크 루소를 중심으로 18세기 프랑스 문학과 철학을 연구한다. 루소의 『사회계약론』, 스타로뱅스키의 『멜랑콜리 치료의 역사』를 옮겼다. 읻다의 서평지 《교차》의 기획위원, 도서출판 후마니타스의 '정치+철학' 총서의 기획위원이다.

[주요어] #부랑아 #가족 #삼각관계
[분류] 철학 > 18세기 프랑스철학

"그는 집 없이 떠돌 것이다.
그의 숙소는 세상의 집들 사이에 있고,
그에게 가족은 이상화되는 동시에 회피된다.
이렇게 부랑아 장자크는
반체제 철학자 루소로 자란다."

집 없는 사람이 더 많은 집을 갖는다. 오늘은 이곳에서 내일은 저곳에서 묵는 이에게 집은 도처에 있으니까. 소유권으로 담을 친 집에 귀가해야 한다면 다른 집으로는 돌아갈 수 없다. 반면 빈털터리 떠돌이는 항상 새집을 찾는다. 그곳은 임시 거처라 누추하고 다음날을 기약할 수 없다. 그는 우연히 한집에 모인 낯선 이들의 호의와 적의 모두를 감수해야 한다. 두 종류의 집이 있는 것이다.

장자크 루소는 우리가 눈여겨보지 않고 들어가려고 하지 않는 두 번째 집에서 살았다. 철학자 루소에 대해 말할 때 잘 말하지 않는 이 사실을 강조해 보자.

집 없는 이들의 역사

17~18세기 유럽은 첫 번째 종류의 집을 세우기로 결정했다. 집은 사회의 기초인 소유권의 기본 단위로 혹은 정치의 토대인 부권의 근원으로 고찰되었다. 도시화와 함께 핵가족화가 진행되었다. 부모와 자식으로 구성된 작은 가족의 따뜻한 정서가 고안되었다. 하지만 제도가 정비되고 이념이 보급되려면 멀었다. 1789년 발발한 프랑스혁명이 가정법원을 설립하고, 이혼을 합법화하고, 사생아와 입양에 대한 관념을 교정하지만, 이것은 19세기 내내 건설될 시민사회의 단편적 암시일 뿐이다.

그렇지만 많은 이들이 두 번째 집에 살았고, 앞으로도 그럴 것이다. 이들은 언제 어디서나 같은 외양을 띠고 같은 악취를 풍길 것 같다. 그렇지 않다. 그들에게도 구조와 역사를 찾아야 한다. 예를 들어 『세비야의 건달들』로 옮기곤 하는 세르반테스의 1613년 단편 『린코네테와 코르타디요』는 항상 내 마음을 끄는 이야기다. "나리는 어느 고장에서 왔고 어디로 발걸음을 옮기나요? ─ 고향이라면 나는 모르고 내가 어디로 가는지

김영욱

는 더욱 알지 못해요." 길에서 만난 두 부랑아는 간단히 동료이자 가족이 된다. 『돈키호테』의 작가는 번영의 열기가 식어 가는 17세기 초 세비야의 뒷골목에서 가부장제 범죄 공동체를 이루며 살아가는 이들의 세계를 신속하고 경쾌하게 묘사한다.

　루소는 18세기식 부랑아다. 우선 그는 계몽주의의 철학자로서 여러 측면에서 집과 가족을 고찰한다. 『인간 불평등 기원론』의 인류학, 『사회계약론』의 정치학, 『에밀』의 교육학, 그리고 곧 다시 말할 『신 엘로이즈』의 정념론을 보라. 그는 집 혹은 가족이라는 소우주의 발생, 기능, 한계, 가능성을 이론적으로 따진다. 그러고서 『고백』에서 『고독한 산책자의 몽상』까지 자전적 문학을 통해 자신이 평생 편력한 집들을 문학사의 주제로 제안할 것이다. 그에게는 집이 없었다. 다시 말해 집이 많았다. 제네바에서 보낸 유년기의 집들, 보호자이자 애인이었던 바랑 부인과 누린 짧은 행복의 거처 샤르메트, 세상의 비난과 공격으로부터 그를 잠시 보호해 주었던 생피에르 섬의 외딴집, 그가 마지막 몽상의 나날을 보낸 영국식 정원의 은신처 등에는 지금도 순례의 발길이 끊이지 않는다. 자서전 『고백』은 18세기 서유럽에서 방랑을 멈출 수 없는 한 인간의 운명을 기록한 책이다. 그는 이 책의 페이지마다 다른 이름을 가진 린코네테, 코르타디요와 동행하고 이별한다. 부랑아의 삶이 철학자의 사유를 낳았음이 밝혀진다. 저 찬란한 사유는 불행한 삶의 음울한 결과였다.

그런데 철학자의 불행은 그의 무기이기도 하다. 루소는 집 없는 삶이 자신에게 부여한 철학적 특권을 자랑한다. 그는 인간을 연구한 대부분 철학자의 오류가 계급적 편견에 기인한다고 믿는다. 그들은 잘 배운 돈 있는 사람 몇을 관찰하고서 인간을 규정한다. 자신은 다르다. 『고백』초고의 선언이다. "나는 모든 사람의 집에서 겸허하고 보잘것없는 한 인간으로 받아들여졌기에, 그들을 편안하게 검토했다. (……) 나는 아무것도 아니었고 아무것도 바라지 않았기에, 누구도 당황스럽게 하거나 귀찮게 하지 않았다. 나는 무엇에도 얽매이지 않고 아무 데나 들어가서는, 아침에는 군주와 식사하고 저녁에는 농부와 밥을 먹었다."(OC I, 1150~1151)[1]

[1] 이하 모든 인용은 나의 번역이며, 출처는 플레이아드 판 루소 전집 (OC)의 권수와 쪽수로 표기한다. 『고백』과 『신 엘로이즈』 인용에서는

정처 없는 삶이야말로 철학의 준비다. 그렇게 수련된 철학자만이 인간을 온전히 본다. 구체제의 저택이 무너지고 그 자리에 작지만 응축된 에너지를 품은 새 집이 들어설 때, 루소는 집 없는 삶의 의미를 다시 생각했고 '홈리스'의 사유를 옹호했다.

집 없는 아이는 어떻게 (철학자로) 성장하는가

집 없는 미래의 철학자로서 장자크가 들어간 집과 그가 꾸린 가족의 한 가지 사례를 『고백』에서 살펴볼 것이다. 그것은 린코네테와 코르타디요가 가입한 범죄조직과 다르다. 이제 두 부랑아의 이름은 20여 년 후 유럽에서 가장 유명한 철학자가 될 장자크, 그리고 이 제네바 소년과 달리 재능을 만개시키지 못하고 역사에서 잊힌 클로드다. 이들이 건설한 공동체의 중심에는 무례한 악한 모니포디오가 아니라, 사랑과 야심이 넘치는 사교계 여성 바랑 부인이 있다. 스페인의 "황금시

각각 이용철 역(나남, 2012)과 서익원 역(한길사, 2008)의 권수와 쪽수를 함께 표기한다.

대"가 저물 무렵 항구 도시 세비야의 뒷골목보다, 프랑스 왕국과 스위스의 도시 공화국들 사이에서 끝내 후진성을 극복하지 못하고 사라질 18세기 사부아 공국의 도시 샹베리는 우리에게 더 낯설다.

클로드 아네는 1706년 스위스 몽트뢰 인근에서 태어났다. 1726년 그는 일곱 살 많은 바랑 부인이 경제적이고 사회적인 실패를 피해 스위스에서 탈출할 때 사부아 공국으로 함께 이주한다. 이 지역의 지정학적 긴장으로 인해, 이것은 단순한 이민이 아니다. 도시 공화정에서 군주정으로, 칼뱅주의 개신교에서 가톨릭으로의 이동은 충돌하고 경쟁하던 두 세계 사이에서 편을 바꾸는 일이다. 그들은 가톨릭으로 개종한 후 왕의 신민이 된다. 클로드는 소목장이, 하인, 정원사로 일한 후, 은밀한 애인이자 집사로 바랑 부인 곁에 머문다. 조국과 남편을 버린 여성은 왕의 신임을 얻어 여러 사업을 추진하면서, 제네바나 베른에서 넘어온 개종자를 관리한다.

한편 1712년생 장자크는 제네바의 시민 계급으로 태어나 도제로서 장인의 폭력에 시달리다가 무일푼으로 1728년 "개신교의 로마"를 탈출한다. 가족은 오래

전 해체되었다. 어머니는 그를 출산한 후 죽었고, 아버지는 수배자가 되어 아들을 친척에게 맡기고 도주했다. 장자크는 자신과 같은 이탈자를 보살피는 바랑 부인의 보호를 기꺼이 받아들이고, 마지막까지 그녀에 대한 사랑을 간직할 것이다. 마지막까지. 왜냐하면 미완성으로 남은 『고독한 산책자의 몽상』은 바랑 부인과의 첫 만남을 회상하던 중 중단되기 때문이다. 이렇게 장자크는 가톨릭과 함께 사랑에 입문한다. 바랑 부인 곁에서 종교의 개종은 정념의 개종이다. 루소는 하인 등 여러 일을 전전한 끝에 1731년 샹베리의 저택에 합류한다. 집 없는 두 청년과 전향한 성숙한 여성이 꾸린 이탈자들의 가족이 탄생하면서 『고백』 5권이 시작된다.

과거를 쓰는 루소는 젊은 장자크가 클로드 아네에게 불청객이었다는 생각은 조금도 하지 않고 그에게 느낀 호의적 감정을 회상한다. 장자크는 이 "드문 인간"의 재능과 성숙함에, 검은 옷과 차가운 열정에 매료된다. 이 때문에 『고백』의 저자는 1733년 클로드의 자살 시도를 잘 이해하지 못한다. 그는 어린 신참의 등장이 고참에게 주었을 충격을 애써 모른 척한다. 불행에서 벗어나기 위해, 클로드는 당시 멜랑콜리 치료제로 쓰이기도 한 아편 약제 라우다눔을 마셨다. 사랑과 죽음이 조화로운 그 집에서 천진한 장자크는 여러 일을 돌보고, 학문을 독학하고, 취미를 키운다. 그가 엄마라고 부른 바랑 부인이 머지않아 그를 육체관계에 입문시킨다. 믿기지 않아도 명목은 일종의 도덕교육이다. 술은 어른에게 배워야 한다고 종종 말하는 것처럼. 그런데 루소가 의심하는 것은 유혹하는 바랑 부인의 교육적 의도가 아니라, 그 효과일 뿐이다. "엄마"와 "아가", 그리고 "우리를 마치 너그럽게 대해야 할 두 아이처럼 바라보는"(OC I, 201;『고백』I, 314) 클로드. 장자크는 기이한 대안가족의 품에서 어떤 불편함이나 결핍도 느끼지 않았다. 루소의 묘사대로라면 셋은 서로 깊은 애정을 나누면서도 각자 자유를 누리며 만족스러운 삶을 꾸렸다. 3자 결합의 의지는 바랑 부인도 못지않다. 그는 자신이 클로드를 사랑하는 만큼 장자크가 그를 사랑하기를 요청한다. 다만 냉정하고 표현 없는 클로드의 내면은『고백』의 서술에서 미지의 것으로 남아 있다.

　루소의 독자라면 샹베리의 3자 동거(ménage à trois)에서『신 엘로이즈』가 묘사하는 공동체의 원형을

김영욱

발견할 것이다. 1761년 발표되어 18세기 프랑스의 베스트셀러가 된 서간체 소설에서, 독실한 귀족의 딸 쥘리와 평민 철학자 생프뢰는 한때 순수한 사랑을 나누었으나 사회적 장애물이 그들을 갈라놓는다. 쥘리는 무신론자여도 도덕적인 나이 든 귀족 볼마르의 부인이 된다. 생프뢰는 절망하여 긴 여행을 떠난다. 부부는 서로 깊이 존경하지만, 볼마르는 두 젊은이의 회한과 고통을 알고 있다. 그리하여 볼마르의 제안으로 셋은 애정을 부정하지 않으면서도 파괴적 정념을 통제하는 가족 공동체를 스위스의 작은 마을 클라랑에 건설한다. 이를 위해 쥘리와 생프뢰는 사랑을 우정으로 변환하는 작업에 착수한다. 이 소설에 클로드 아네의 동명인이 등장하는 것은 우연일까?

오이디푸스 콤플렉스와 다른 방식으로 가족을 구성하려는 이 시도는 구성원들 모두가 당시 사회에서 이질적 존재인 만큼 더 실험적이다. 『고백』의 경우는 실험이라기에는 이념도 방법도 없는 자연발생적 일탈이지만, 이 일화에서 우리는 철학적 실험 밑에 있는 근원적 체험과 감정을 확인한다. 양쪽에서 3자 동거의 항들은 유사하게 조직된다. 속을 다 알 수 없는 여성 바랑 부인과 쥘리를 중심에 두고, 한편에는 이성적인 아버지와 같은 클로드와 볼마르가 있고 다른 한편에는 순수한 정념에 매몰된 아이 장자크와 생프뢰가 있다. 하지만 같은 항에 자리한 요소들의 본성과 구성되는 세 관계의 성격은 상이하다. 상세한 비교는 독자의 몫이다.

두 대안가족은 모호하고 회의적인 결론에서 감정이 일치한다. 쥘리는 결국 사랑이 우정으로 승화되지 못했음을 깨닫지만, 죽기 직전에 그것을 깨닫게 되어 충분히 행복하다. 그 덕에 쥘리는 아무런 부끄럼 없이 생프뢰를 "사랑한다고 한 번 더 말할 권리"(OC II, 743; 『신 엘로이즈』 II, 459)를 얻는다. 그는 남은 사람들이 자신의 빈자리 주변에 모여 계속 하나의 가족으로 살기를 희망한다. 하지만 그들은, 특히 위로받지 못한 생프뢰는 끝내 쥘리의 마지막 소원에 호응하지 않는다. 곧 보게 되겠지만 상베리의 대안가족은 더 상식적인 방식으로 깨진다. 클로드는 삶에서 퇴장하고, 장자크는 새로 들어온 소년에게 자리를 빼앗긴다. 두 사례에서 실패의 원인은 개인의 우연한 잘못일까, 인간의 보편적 본성일까? 다른 방식의 가족과 다른 형태의 집을 무너

김영욱

뜨리는 것은 전면화하는 근대사회의 압력일까, 정념의 인류학적 원리일까?

1734년 3월, 의학과 식물학에 재능을 보이던 현실의 클로드는 한 의사의 요청으로 야생쑥을 채취하러 알프스 높은 곳에 올라갔다가 늑막염을 얻는다. 루소는 특유의 장난기인지, 야생쑥이 바로 늑막염의 특효약이었음을 굳이 명시한다. 약을 구하는 노력이 병을 부르는 아이러니. 클로드는 닷새를 앓고서 루소와 바랑 부인 손을 잡고 죽음을 맞이한다. "이것이 내가 평생 가져 본 가장 굳건한 친구를 잃게 된 경위다. 이 존경할 만하고 드문 인간에게서는 본성이 교육을 대신했고, 그는 종속 속에서도 위대한 인간의 모든 미덕을 길렀다. 살아서 자리를 잡았다면 모두가 그것을 확인했을 것이다."(OC I, 205; 『고백』 I, 320~321) 클로드는 집을 떠나 영원히 돌아오지 않았다. 호사가들은 그가 두 번째 자살 시도에서 성공한 것이라고 믿는다.

다음 날 장자크는 클로드의 검은 옷을 입고 슬픔에 빠진 바랑 부인 앞에 나타난다. 그는 직설적인 방법으로 자신이 클로드의 대체자라고 주장한다. 바랑 부인은 인정하지 않는다. 이후 집의 현실적 토대인 사업

마저 침체기를 맞는다. 장자크는 물질의 경제에서나 정념의 경제에서나 클로드의 빈자리를 채우려 애쓰지만 헛수고다. 아직 '엄마'와 단둘이서 행복을 누리는 샤르메트의 나날이 남아 있다. 하지만 그 시간은 짧을 것이고, 그래서 쉽게 이상화될 것이다. 그는 치료 목적의 여행에서 돌아와 집에서 낯선 소년을 발견한다. 새 가족은 클로드가 장자크에게서 보았을 미덕이나 재능을 지니지 않았다. 새로운 클로드도 새로운 장자크도 없다. 3자의 조화는 허상이었다. 그저 계속 교체되는 소년들의 일시적 동거가 있을 뿐이다.

장자크는 아직 온기를 잃지 않은 행복과 사랑을 두고 떠나야 함을 깨닫는다. "내가 아이로 있던 집에서 어떻게 이방인으로 살겠는가?"(OC I, 270;『고백』I, 420) 그렇다, 그는 언제나 집의 유일한 아이이고자 했다. 하지만 그는 클로드처럼 어른이 될 수도, 계속 아이로 살아갈 수도 없어 '엄마'를 떠난다. 이와 함께『고백』1부가 6권으로 마무리된다.

1부의 여정을 집 없는 아이의 거듭된 대안가족 찾기와 실패로 규정할 수 있을 것 같다. 1권에서 한 번 그리고 6권에서 한 번 더, 미련이 남은 아이는 집을 떠나

김영욱

며 자신의 청소년기를 닫는다. 이러한 반복적 구조를 유발하는 것은 유일한 아이가 되고자 하는 루소의 집요한 욕망이다. 그는 아이로 남아 있지 못할 바에야 집을 떠난다. 그러니까 그는 사회화를 거부하는 방식으로 성장한다. 어떤 죽음도 인정할 수 없기에 열심히 산다. 1742년, 그의 삶의 다음 장소는 정치, 철학, 예술, 현기증 나는 풍속이 가득한 파리다.

린코네테, 코르타디요, 클로드, 장자크

그는 집 없이 떠돌 것이다. 그의 숙소는 세상의 집들 사이에 있고, 그에게 가족은 이상화되는 동시에 회피된다. 이렇게 부랑아 장자크는 반체제 철학자 루소로 자란다. 이 원리는 자신의 다섯 아이를 고아원에 버릴 정도로 일관적이다. 집을 떠나는 아이의 마음은 앞날의 영광과 대가를 모르는 것처럼 그저 들떠 있다. 제네바를 떠날 때도 그랬다. 자신이 몰락해 가는 구체제 주변부에서 폭력을 피해 달아나는 가엾은 존재라는 사실을 대수롭지 않게 여긴 것처럼, 이번에도 그는 클로드,

바랑 부인과 함께 만든 삶이 더할 나위 없이 행복했다는 듯 개운하게 집을 나선다. 그러지 않기에 그는 너무나 아이다. 이미 4권에서 말하고 있다. "내 젊음 전반부의 이러한 긴 세부가 유치하게 보일 것이다. 나도 유감이다. 어떤 면에서는 어른으로 태어났지만, 나는 오랫동안 아이였고 다른 많은 면에서 아직 아이다. 나는 공중에게 위대한 인물을 제시하겠다고 약속하지 않았다."(OC I, 174; 『고백』 I, 272)

집 없는 아이는 사회의 가장 비참한 피해자이고, 사회를 가장 근본적으로 부정하는 비판자다. 장자크 루소는 집 없는 아이로서, 무수히 많았을 집 없는 아이들과 살며 그들의 눈으로 세상을 바라보았다. 그는 철학자가 된 후에도 이 정체성을 보존했고, 그로부터 사유의 가능성을 도출했다. 그는 나타났다 사라진 친구들의 이름과 얼굴을 모조리 기억하기에, 그들을 버리고 자신을 택한 운수의 위력을 안다. 그들을 대표해야한다는 책임감을 느낀다. 한편 그는 적대적인 사회 속에서 그들의 생존방식도 동료로서 잘 알고 있다. 아이인 한에서 그들은 자신이 그러한 존재인지 모르며 알 필요도 없다. 그저 그렇게 떠돌고 떠들며 살면 된다. 집 없는 아이는 피해자일 때도 비판자일 때도 잘 보이지 않는다. 그런데 적대적 세상 속에서 잘 보이지 않고 아무것도 아니라는 것, 이것이 그의 가장 큰 불행이자 가장 큰 행복이다.

린코네테, 코르타디요, 클로드, 장자크…… 간혹 문학은 이 아이들의 행동과 감정을 기록해 두었다. 나는 거기 동원된 글자들을 안다. 하지만 그 단어와 문장 너머에 있을 이들의 삶에 대해서는 거의 알지 못하고, 아마 영영 알 수 없을 것이다. 결코 아는 척하지 않을 것이다.

21세기
우주인의 귀향

이지선

이지선 전남대 철학과 조교수. 과학, 철학 그리고 예술의 경계에서의 사유를 평생의 과업으로 삼아 프랑스 근현대 철학, 과학철학, 과학사 등을 연구해 왔으며 최근에는 포스트휴머니즘, 신물질주의, 정치생태학을 연구 중이다. 『초연결의 철학』, 『물질혐오』, 『신유물론×페미니즘』 등을 함께 썼고 『철학적 포스트휴머니즘』 등을 옮겼다. 푸앵카레, 베르그손, 버라드, 라투르 등에 대한 논문이 있다.

[주요어] #우주론 #인류세 #코스모스

[분류] 과학철학 > 우주철학

"21세기 우주주의자는 지구의 소외를
극복해야 하는 상황에 놓여 있다.
이를 위해서는 머스크처럼 지구 밖으로
멀리 나갈 일이 아니다.
지구 위로 돌아와 그 안을
치밀하고 세밀하게 살펴야 한다."

영화 「그래비티」[1]에서 주인공 라이언 스톤은 우주비행사다. 우주에서 임무를 수행하던 중 비행선이 러시아 위성의 잔해와 충돌하면서 동료를 전부 잃고 홀로 남는다.[2] 천신만고 끝에 우주정거장에 도착해 지구와

[1] Alfonso Cuarón, 「Gravity」(2013).
[2] 이 글에서 우주는 한편으로는 우리가 사는 지구를 포함해서 존재하는 모든 사물과 사태의 총체를 의미하는 '우주(universe)'나 그것을 포괄하는 '공간(space)'을 가리키고, 다른 한편으로는 지구와 구분되는 '외부 공간' 또는 '외계'로서의 우주 공간(cosmic space)을 가리킨다. 한국어는 물론 다른 언어에서도 세 개념은 혼용되는 경향을 보여 준다. 기술비평가 이영준은 "우주 감각(space sense)"을 논하면서 이렇게 말한다. "다람쥐의 허파꽈리 속의 작은 공간이건 광대한 사하라 사막이건 모든 공간은 다 우주의 일부이다. 그렇다고 '우주탐험' 할 때의 그 우주를 옆방 가듯이 휘릭 갈 수는 없다. 다 통해 있는 공간이긴 하지만 차원이 다른 곳이기 때문이다." 이영준, 『우주 감각』(워크룸프레스,

의 교신을 시도하지만 실패한다. 더 이상 희망이 없다고 판단하고는 산소 공급 장치를 끈 채 죽음을 맞이할 준비를 하려던 순간, 앞서 떠나보낸 동료 코왈스키가 문을 열고 들어온다. 코왈스키는 비록 산소 부족으로 환각 상태에 빠진 라이언에게 나타난 환영이기는 하지만 여전히 넉살 좋은 말투로 말한다.

이봐요, 돌아갈래요 아니면 여기 있을래요? 알아요. 여기가 좋긴 해요. 시스템 다 꺼버리고, 불도 다 끄고, 눈을 감고 모두에게서 벗어나는 거죠. (……) 하지만 중요한 건 당신의 선택이에요. 계속하기로 결심했다면 그대로 따라가야 해요. 이제 똑바로 앉아 탑승을 즐겨요. 땅 위에 두 발로 버티고 서서 제대로 살아보는 거예요. 일어나요, 라이언! 이제 집에 갈 시간이에요!

2016), 33쪽. 이러한 언어 현상은 어폐가 있다기보다 그 자체로 우주에 대한 우리의 이해 또는 이영준이 말하는 '우주 감각'에 관해서도 시사하는 바가 있다.

이지선

아득한 공포에서
낯선 무언가로

일찍이 파스칼은 우주의 무한한 크기와 힘 앞에서 왜소하고 나약하기 짝이 없는 인간이 느끼는 공포와 무력감을 말한 바 있다. 이 독특한 감응은 H. P. 러브크래프트의 크툴루 신화로 재해석되면서 '우주적 공포(cosmic horror)'라 명명된다. 「그래비티」는 이 우주적 공포를 영화적으로 그리고 현실적으로 전달한다. 영화의 첫 장면은 아무것도 보이지 않는 암흑과 아무것도 들리지 않는 적막 속에서 자막으로 다음 사실을 건조하게 전달한다. "지구 행성의 600킬로미터 상공에서 기온은 125도와 영하 100도를 오르내린다. 소리를 운반할 매체는 없다. 기압도 없다. 산소도 없다. 우주에서 생명은 불가능하다." 이는 이후에 벌어질 우주와의 사투에 대한 예고이자 경고로 읽힌다.

　실제로 인류의 지적 여정은 우주적 공포를 극복하는 과정이었다. 우주는 공포와 숭배의 대상에서 관찰과 관조의 대상이 되었고, 근대에 이르러서는 실험과 개발의 대상이, 오늘날에는 탐사와 정복의 대상이 되기에 이르렀다. 그동안 우주의 범위는 지구 밖으로 계속해서 확장됐다. 4세기 전 갈릴레오가 망원경을 하늘로 돌려 달의 표면과 목성의 궤도를 관찰한 이래 천문 관측은 꾸준히 발전했다. 최근에는 지구로부터 150만 킬로미터 떨어진 위치에 정착한 웹 우주망원경 덕분에 심도 우주와 초기 우주는 물론 태양계 밖 항성과 행성까지 관찰할 수 있을 정도다. 그런가 하면 우주와 지구의 경계는 갈수록 모호해지고 있다.[3] 과거에는 지구 대기권을 벗어나는 고도 100킬로미터를 경계선으로 삼는 것이 보통이었다. 인공위성과 우주정거장 등 지상에서 제작되고 또 조작되는 장치들이 수백에서 수천 킬로미터 고도를 점유하며 서로 영향을 주고받는 지금은 이야기가 다르다.

「그래비티」는 이렇듯 우주에 대한 경험과 인식이 달라진 상황에서 우주적 공포가 극복되기보다는 다른 종류의 감응으로 대체되었음을 보여 준다. 익숙한 대상을 갑자기 낯설게 느끼거나 반대로 낯선 대상에서 익숙함을 느낄 때의 기묘한 기분이 그것이다. 익숙한

[3] 전은지, 「20,000개의 우주쓰레기 후보가 지구를 돌고 있다」, 《에피》 19호(2022).

지식과 지각을 넘어선다는 의미의 영어 단어 uncanny가 바로 이러한 기분을 표현하는데, 프로이트는 이를 집 또는 고향(Heim)의 익숙함과 편안함을 잃은 상태를 뜻하는 독일어 단어 unheimlich로 번역한 바 있다. 아이를 잃고 삶의 의미를 찾지 못한 채 살아가는 라이언은 우주 공간을 일터이자 도피처로 삼으면서 그곳에서 집 같은 편안함을 느낀다. 이 구도는 영화 내내 역전과 재역전을 거듭한다. 우주 저편으로 멀어졌다가 천신만고 끝에 우주선으로 돌아와 그야말로 엄마 품안의 아기처럼 안기지만, 이내 소화기같이 익숙하게 쓰던 선내 사물들이 생명을 위협한다. 이렇게 집으로 돌아오는 길은 험난하기만 하다.

'우주'의 기원들

철학자 가스통 바슐라르에게 우주는 사유와 인식의 대상일 수 없었다. 다른 사유나 인식과 마찬가지로 직접적인 경험의 소여에서 출발하지만 이내 경험을 넘어서서 지나치게 성급한 또는 게으른 단순화와 총체화로 이어진 결과가 바로 우주라는 것이다. "우주는 나의 휴식이요 나태다. 결코 사유가 아니다."[4] 그것은 과학적 인식에 적합한 대상과는 다른 하나의 관념, 아니 차라리 이미지, 상상과 몽상의 대상이다. 바슐라르는 특히 우주에 관한 상상이 집에서 출발해 집으로 귀결된다고 말한다. 그에게 집이란 지하실, 다락방, 서랍처럼 집안의 은밀한 공간 그리고 내밀한 세계 또는 장소의 집합으로, 우리에게 가장 익숙하고 가까운 공간이다. 그런데 이것이 곧 우주다. "왜냐하면 집은 우리의 작은 세계이기 때문이다. 집은──흔히들 말하는 것처럼──우리의 최초의 우주다. 그것은 진정한 의미의 코스모스다."[5]

사실 집으로서의 우주 이미지는 동북아 한자 문화권에서 낯설지 않다. 더욱이 우주가 '집 우(宇)'와 '집 주(宙)'의 합성어라는 점은 집이 우주와 관련해 가장 친숙한, 적어도 가장 근원적인 심상임을 전한다 볼 수 있다. 잘 알려져 있듯이 우주(宇宙)는 천지(天地)와 더불어 『천자문(千字文)』의 첫 구절을 장식한다.("天地玄黃 宇宙

[4] Gaston Bachelard, "Univers et réalité," *L'engagement rationaliste*(Paris: puf, 1972). 인용자 번역.
[5] Gaston Bachelard, *La poétique de l'espace*(Paris: puf, 1957). 인용자 번역.

이지선

洪荒") 천지가 물리적 실재에 담긴 내용에 관한 규정이라면 우주는 그러한 실재를 담는 형식에 관한 규정이라 할 수 있다.

한편 고대 그리스어에서 '코스모스(κόσμος)'는 원래 장식, 질서, 조화를 뜻한다는 점에서 미적 가치를 함축하는 개념이었다. 피타고라스주의자들이 우주에서 이와 같은 성질을 발견하고 우주와 동의어로 쓰기 시작한 것이 라틴어 '문두스(mundus)'를 거쳐 오늘날까지 이어졌다. 특히 아리스토텔레스는 지구를 중심으로 모든 천체가 동심원의 궤도를 따라 영구적이고 일정하게 운동하는 천상계(天)와 모든 물체들이 각자의 본성에 따라 자기의 자리를 찾기 위해 운동하는 지상계(地)의 이원적 체계를 완성했다. 이 체계에서는 천체와 물체와 구분되면서 이들을 포괄하는 빈 형식으로서의 공간, 달리 말하면 기하학적 공간 같은 것이 있을 수 없었다. 모든 존재하는 것에 내재하는 질서와 조화라는 관념은 그에 대한 하나의 통일적인 이론, 즉 '코스모스(cosmos)'에 대한 '로고스(logos)'로서의 우주론(cosmology)이 가능하기 위한 조건이었다.

근대의 우주, 중심을 잃다

17세기 서구의 근대과학은 이 구도에 대대적인 변화를 가져왔고 이는 훗날 코페르니쿠스 혁명이라 불리게 되었다.[6] 흔히 이 혁명은 천동설에서 지동설로의 전환으로 묘사된다. 철학자이자 역사학자인 알렉산드르 코이레는 1957년 출간한 『닫힌 세계에서 무한 우주로』에서 코페르니쿠스 혁명의 가장 근본적이고 급진적인 결과가 "공간의 기하학화"와 그에 따른 "코스모스의 파괴"에 있었다고 말한다. 모든 존재물이 각자의 본성에 따라 각자의 자리에 위치해서 질서와 조화를 이루던 물리적 공간은 데카르트의 연장 실체 개념과 뉴턴의 만유인력 법칙을 기반으로 각 위치 사이에 그 어느 위계도 성립하지 않는 동질성과 등방성을 지닌 기하학적 공간으로 대체되었다. 한편 우주를 보는 관점의 변화는 하나의 천체로서의 지구를 재발견하는 계기가 되었다. 갈릴레오가 하늘을 관찰하던 시선이 지상으로 투사되면서 이전까지 우주의 중심이요, 지상 생명의 터

[6] 이지선, 「무한 우주에서 닫힌 세계 또는 갇힌 지상으로」, 《환경철학》 32(2021).

전이었던 대지는 태양 주위를 회전하는 일개 행성에 불과한 처지가 되었다.

이 모든 변화는 우주가 기하학적 공간과 동일시되고 그 안의 어느 점도 우주의 중심이 아니기에 가능했다. 근대과학 이전의 조화로운 체계는 파괴되고 그 자리를 몰우주주의(acosmism)가 대신하게 되었다. 몰우주주의란 헤겔이 스피노자의 철학을 규정하면서 쓴 말이다. 스피노자 철학은 흔히 범신론 혹은 무신론으로 해석되는데, 헤겔은 이 철학의 핵심을 초월적 존재로서의 신은 물론 세계를 하나의 통일된 전체로 규정할 만한 단일한 질서나 기원이 부재하다는 데에서 찾았다. 사실 헤겔이 발견한 특성은 스피노자의 철학에 한정된 것이 아니라 지구 중심의 코스모스가 중심이 아예 없는 기하학적 공간으로 전환한 결과 중 하나일 따름이었다. 지구가 우주의 중심이 아니라는 점은 더는 큰 문제가 아니다. 중심이 어디에도 없거나 아예 어디에나 있으며 또한 경계는 어디에도 없다는 점이 새로운 문제다. 그리하여 우주 안의 모든 대상에 예외 없이 적용되는 보편적인 것(universal)이 우주적인 것(cosmic)을 대체하게 되었다.

한나 아렌트는 이로부터 근대 인간의 삶의 조건에 대한 비관과 낙관의 근거를 동시에 보았다.[7] 사변적 이성이 감각의 한계를 넘어서는 한편으로 감각으로부터 멀어지는 동안, 도구적 이성은 망원경과 같은 기술을 통해 감각의 영역을 넓히고 사변에 경험적 토대를 마련했다. 그러나 감각의 영역은 어디까지나 인간 이성의 한계 안에 머무는 것이었다. 인간은 감성의 영역에서는 지구 위, 즉 지상에 묶인 지상적 존재임에도 이성을 통해 이 조건을 극복했다. 그리고 스스로를 지구 밖이자 우주 위의 한 점에 위치시켜 세계를 인식하는 '우주적 존재'가 되었다. 우주적 존재인 인간에게 지구는 마음대로 할 수 있는 대상이었다. 이것이 아렌트가 말하는 "지구소외(Earth alienation)"다. 오늘날의 인류세는 바로 그 결과라 할 수 있다.

다시 지구 위에서

몰우주주의에 따른 지구소외와 인류세를 극복할 방

[7] 한나 아렌트, 이진우 옮김, 『인간의 조건』(한길사, 2019), 360쪽 이하.

안으로 자연스럽게 코스모스의 복권을 생각하게 된다. 실제로 19세기 말 러시아에서는 이러한 사상을 펼친 운동이 일어났는데 이들을 가리켜 러시아 우주주의(Russian cosmism)라 부른다.[8]

우주주의자들은 인간이 기술로 죽음을 극복할 수 있으며 미래에는 영생은 물론 과거 모든 인간의 부활이 가능하리라 믿었다. 모든 인간의 불멸이야말로 진정한 평등의 실현이었다. 그런데 지구는 좁다. 되살아날 모든 이들이 살기에는 공간이 부족하다. 따라서 우주의 탐사와 개발이 불가피하다. 공산주의자가 지상에서 평등 사회라는 이상향을 건설하고자 했다면, 우주주의자는 그 이상향을 우주라는 보다 넓은 영역에서 실현하고자 했다. 실제로 러시아 우주주의는 소비에트의 우주 개발에 지대한 영향을 미쳤는데, 오늘날 일론 머스크나 제프 베이조스와 같은 미국 실리콘밸리 기업가가 주도하는 민간 우주개발 산업에서도 그 흔적을

[8] 김수환, 「러시아 우주론 재방문」, 『혁명의 넝마주이』(문학과지성사, 2022). '우주론'과 '우주주의'는 마땅히 구분되어야 한다. 우주론이 우주에 관한 이론 전반을 뜻한다면, 우주주의는 우주에 대한 특정한 믿음, 입장 또는 그에 기초한 사조를 뜻한다. 그런 점에서 러시아 코스미즘은 '러시아 우주론'이 아니라 '러시아 우주주의'라 해야 맞다.

엿볼 수 있다. 특히 머스크는 우주주의를 신봉하는 로켓과학자이기도 했던 콘스탄틴 치올콥스키를 인용하면서 "인류는 지구에서 시작했지만 거기에서 영원히 머물 수는 없다."라고 말하기도 했다.

그러나 또 다른, 어쩌면 정반대의 우주주의도 가능하다. 몰우주주의는 지구에 대해 제한되고 왜곡된 관점을 형성했고 이것이 인류세로 대표되는 지금의 환경 위기를 낳았다. 철학자이자 사회학자인 브뤼노 라투르는 근대의 "무한 우주"가 오늘날 다시금 지구를 중심으로 하는 "닫힌 세계"로 재전환되고 있다고 지적했다. 그에 따르면 지구는 우주의 중심은 아닐지언정 일개 행성이나 우주 내 하나의 점에 불과하지도 않다. 생명의 터전인 대지이면서 지상의 모든 생명체와 영향을 주고받으며 그 자신이 하나의 생명체처럼 행동하는 시스템이기도 하다는 점에서다.

인간의 불멸과 우주 진출이 지난 세기 러시아 우주주의자들의 이상이었다면, 21세기 우주주의자는 인간뿐 아니라 지구의 필멸을 자각하고 나아가 지구의 소외를 극복해야 하는 상황에 놓여 있다. 이를 위해서는 머스크처럼 지구 밖으로 멀리 나갈 일이 아니다. 지

이지선

구 위로 돌아와 그 안을 치밀하고 세밀하게 살펴야 한다. 이러한 상황 속에서 지구상의 모든 존재가 각자의 고유한 자리에 위치하면서도 서로 연결되어 조화와 질서를 이루던 그리스 코스모스의 귀환이 요청된다. 이것이 2022년 세상을 떠난 라투르가 마지막으로 남긴 메시지 중 하나다.

파스칼은 인간이 갈대처럼 나약하고 왜소한 존재이되 생각하는 갈대이며 바로 그 점에서 저 무한한 우주보다 고귀하다고 말한 바 있다. 「그래비티」를 보는 우리도 우주적 공포를 실감하지만 동시에 라이언의 귀환을 예감하고, 아니나 다를까, 영화 막바지에 이르러 라이언을 태운 착륙선이 지구로 향하는 것을 보고 안도한다. 그런데 지구는 그리 호락호락하지 않다. 대기권에 진입하면서부터 바다에 떨어지기까지 우주에서의 경험에 못지않게 호된 시련이 뒤따른다. 그렇지만 우리의 주인공은 그 모든 시련을 이겨 낸다. 그리하여 마침내 지상에 도착해서 일어나려는 순간, 다리가 말을 듣지 않는다. 무중력에 익숙해져 있던 터다. 처음 걸음마를 배우는 아기처럼 비틀거리며 일어나 처음에는 두 발로 서고 겨우 한 걸음을 내디딘다. 발밑의 땅은 이제 더 이상 이전의 지구가 아니다. 그것은 새로운 우주다.

나의 깨끗한 집 만들기

박진영

박진영　　환경사회학 연구자. 연세대 정보산업공학과를 졸업하고 서울대 과학사 및 과학철학 협동과정에서 석사 학위를, 밀은 대학 환경대학원에서 가습기살균제 참사의 지식 정치에 관한 연구로 박사 학위를 받았다. 환경과 보건의 교차점에서 과학기술, 사회운동, 정치를 주제로 연구를 이어가고 있다. 『재난에 맞서는 과학』을 썼고《환경사회학연구 ECO》,《과학기술학연구》등에 논문을 실었다. 현재 전북대학교 한국과학문명학연구소 전임연구원으로 있다.

[주요어] #화학물질 #친환경 #정의로운전환
[분류] 환경학 > 환경사회학

"안전한 지구와 안전한 사회 없이
깨끗하고 안전한 집만이
존재할 수는 없다.
존엄하게 살아갈 권리가 보장된 공간은
나와 우리가 어디를 딛고 있느냐에서
출발해야 한다."

집을 돌보는 데 얼마나 많은 생활화학제품이 필요한지 1인 가구로서의 삶을 시작하고야 알았다. 내 한 몸 누우면 남는 공간이 얼마 없는 원룸과 오피스텔에 살며 살림에 드는 시간과 에너지를 매일 새롭게 깨달았다. 생명체인지 아닌지 정체를 알 수 없지만 분명 전에 없던 붉은색, 검은색, 하얀색의 무언가를 발견하면 그것이 피어난 공간에 맞춰 새 제품을 샀다. 때로는 어머니께 물어보기도, 친구의 추천을 받기도 했으며 소셜 미디어에 입소문을 타거나 추천받은 제품의 후기를 열심히 찾았다. 그간 구입한 제품만도 이렇다. 욕실용 세정제, 다목적 세정제, 렌지 후드 클리너, 세탁조 클리너, 배수관 클리너, 세면대 클리너, 변기 클리너…….

과학기술과 그로 인한 사회문제와 갈등, 피해를 연구하는 나는 DDT, 글리포세이트, PHMG와 CMIT/MIT[1]와 같은 화학물질이 공장과 집 안팎에서 일으킨 피해를 수없이 보고 듣고 읽어 왔다. 하지만 집에 돌아와서는 그런 일들은 다 모르겠고 다만 집의 더러움을 간편하고 빠르게 없애고 싶었다. 편의점에서, 마트에서, 인터넷 장보기에서 익히 들어 온 상표의 제품은 과연 편리하고 효과가 좋았다. 생활화학제품이 눈앞의 더러움을 없애는 동안 내가 할 일은 마스크를 끼고 환기를 잘 시키는 것 정도였다.

[1] DDT(디클로로디페닐트리클로에탄)는 염소 성분이 들어간 유기염소계 합성 살충제로, 저렴한 가격과 빠르고 강한 살충 효과로 널리 사용되었다. 공중보건 사업에서는 말라리아 모기 퇴치를 위해 사용되었고 미국에서는 농작물 해충 구제에 사용되었다. 글리포세이트는 제초제이자 작물 건조제다. 2018년 독일 제약회사 바이엘에 인수된 다국적 식량기업 몬산토에서 개발해 '라운드업'이라는 상표명으로 판매했다. PHMG(폴리헥사메틸렌구아디닌)와 CMIT/MIT(클로로메틸아이소티아졸리논/메틸아이소티아졸리논)는 가습기살균제의 주요 성분이다. 살균제, 부패방지제, 살균보존제 용도 제품의 주요 성분으로 개발되어 사용되었다.

박진영

편리하고도 위험한 물질

나에게 화학에 관한 교육과정에서 희미하며 거의 유일한 기억은 주기율표다. 원소가 우리 몸, 생명체, 지구와 우주를 이루고 있는 기본 단위라는 사실보다는 '칼카나마(K, Ca, Na, Mg)……'로 시작해 외운 주기율표만이 원소와 화학물질에 대한 나의 기억을 이룬다.

화학물질은 우리가 주기율표에서 보고 외웠던 원소와 화합물에 인위적인 반응을 일으켜 얻은 물질과 자연 상태에 존재하는 물질을 화학적으로 변형시키거나 추출, 정제한 것이다. 화학적 변형이나 추출, 정제는 대부분 실험실이나 공장에서 이루어져 우리가 쉽게 볼수 없지만, 화학물질을 합성하고 가공한 제품은 손쉽게 찾아볼 수 있다. 지금 내 책상만 둘러보더라도 가장가까이에 있는 스마트폰부터 치약, 볼펜, 이 글을 쓰고있는 노트북과 마우스까지 무수히 많은 제품이 화학물질을 기초로 만들어졌다.

많은 화학제품 중에서도 생활화학제품은 가정, 사무실, 다중이용시설 등 일상 공간에서 사용되는 화학제품을 뜻한다.[2] 환경부는 그중 사람의 건강이나 환경에 영향을 줄 수 있는 제품을 안전확인대상 생활화학제품으로 지정해 관리한다. 여기에는 세정제품, 세탁제품, 코팅제품, 접착·접합제품, 방향·탈취제품, 염색·도색제품, 미용제품, 살균제품 등이 포함된다.[3] 한 번쯤 무해, 무독성이나 에코(eco)와 같은 표현을 본 적 있거나 그런 면을 부각하는 제품을 산 적이 있을 것이다. 안전확인대상 제품에는 무독성, 환경친화적과 같은 문구를 함부로 사용해서는 안 된다. 생활화학제품에 관한 이러한 법과 규제는 가습기살균제 참사 이후 강화되었다. 가습기살균제에 사용된 화학물질은 살균 후 씻어 내는 용도로 개발되었지만, 가습기를 통해 직접 호흡기로 흡입되는 방법으로 사용되며 한국 사회에 씻을 수 없는 피해를 남겼다.

가습기살균제 참사 이후, 유사한 사건이 있을 때마다 화학물질의 안전한 사용에 관한 논의가 불거졌다. 사회 구성원들이 화학물질에 대한 인식을 바꾸어야 하며 제대로 알고 사용해야 한다, 기업과 화학자들이 책

[2] 「생활화학제품 및 살생물제의 안전관리에 관한 법률(화학제품안전법)」.

[3] 화학제품관리시스템, 「안전확인대상 생활화학제품이란?」.

임감을 가지고 제품을 만들고 개발해야 한다……. 화학물질에 관한 양면적인 인식을 채워 나가며 나의 마음은 더욱 복잡해져 갔다. 햇빛도 때로는 독이라는 말[4]도 맞지만 케모포비아(chemophobia)를 경계해야 한다는 주장 또한 맞았다. 식초, 베이킹소다, 유기농 액상 비누처럼 일상에서 화학물질을 대체할 수 있는 물질을 적극적으로 활용하자는 말[5]도 맞고 이미 너무 많은 화학물질에 둘러싸여 살아가고 있기에 차라리 친해지자는 말[6]도 맞다고 생각했다.

누구나 저렴하게, 어디서나 쉽게

화학물질을 향한 마음은 코로나19 바이러스 창궐 이후 한층 더 복잡해졌다. 당시에는 집과 식당, 공공기관 어디서나 많은 이들이 분무기나 분사기로 살균소독제를

[4] 박은정, 『햇빛도 때로는 독이다』(경희대학교출판문화원, 2022).
[5] 데브라 린 데드, 제효영 옮김, 『독성프리』(윌컴퍼니, 2012).
[6] 이덕환, 「포기할 수 없는 화학물질, 차라리 친해지자」,《동아사이언스》, 2020년 9월 30일.

뿌리며 사용해 화학물질이 호흡기로 흡입될 위험이 증가하고 있었다. 살균과 소독에 관한 사회적 관심이 날로 커 가던 중 2020년 유한양행이 유한락스 홈페이지에 올린 한 글이 주목받았다. "유한락스를 비롯하여 모든 살균소독제는 뿌리지 말고 묻히셔야 하고, 모든 살균소독제는 방치하지 말고 닦아 내셔야 하며, 어떤 경우에도 손을 씻어서 살균소독 과정을 마무리하셔야 합니다." 생활화학제품 제조기업이 신종 바이러스라는 한 번도 경험해 보지 못한 위험에 더 안전하게 맞서는 방법을 긴 글을 통해 직접 알려 준 것이다.

이 글이 크게 주목받은 이유는 다음 대목 때문이기도 하다.

최소한 살균소독제에 관해서는 최신 유행이나 프리미엄, 고급 제품도 무의미하며 비싸기 때문에 강력하지만 안전하고 편리하다는 개념은 신기루와 같습니다. (……) 왜냐하면 가난한 자가 단지 가난하기 때문에 불결할 수밖에 없다면 공중 위생은 아무리 부유한 자도 결코 도달할 수 없는 상태가 되기 때문입니다. 위와 같은 이유로 자의반 타의반 공중 위생을

책임져야 하는 유한락스는 어떤 상황에서도 가격이 저렴해야 합니다.[7]

유한양행은 긴 글에서 사용자가 화학물질과 위험에 대해 충분히 인지하고 안전하게 사용해야 함을 여러 번 강조했다. 화학물질에 있어서 '당연한 상식'은 안전하게 사용했는데 위험한 물질은 없다는 것, 이와 동시에 위험하게 사용해도 안전한 물질이 없다는 것이다. 사용자와 소비자는 이 상식을 늘 기억해 두고 있어야 할 터였다.

한국 사회에서 보기 드물게 사회적 책임을 실천하고 소통하려는 유한양행의 사려 깊음과는 별개로, 나는 이러한 조치만으로 거대한 문제가 해결될 수 있을지에 대한 의문을 지울 수 없다. 안전과 효과와 위험이 오직 사용자의 올바른 이해에서 시작되기에는 현재의 화학산업과 자본과 생활양식과 문화와 규제가 너무도 복잡하게 얽혀 있기 때문이다. 예를 들어 살균제나 세정제는 건강을 염려하는 마음과 더 건강하게 살기 위

[7] 유한락스 홈페이지, 「감염병을 효과적으로 예방하지만 안전한 살균소독법」.

한 의지로 쓸 수도 있지만 반대로 건강이 걱정되어 쓰지 않을 수도 있다. 또 효과가 강한 세정제를 찾는 이유는 집을 돌볼 시간이 부족하고 귀찮아서일 수도, 이와 달리 부지런히 집을 돌보고 가꾸며 청소와 위생에 관심이 많아서일 수도 있다. 부모는 더 깨끗한 집에서 아이를 키우고 싶어 다양한 생활화학제품을 갖출 수도 있지만, 아이의 건강을 생각해 최소한의 제품을 사용하기도 한다. 노동 현장에서의 위험물질 노출이 우리 사회의 위계와 차별을 분명하게 보여 준다면,[8] 생활화학제품으로 인한 피해는 제품 사용자의 연령대나 주거지, 생활 수준의 공통점이 쉽게 발견되지 않는다. 유한락스의 게시물에 적힌 그대로 누구나 몇천 원이면 손쉽게 살균세정제를 구입할 수 있기 때문이다.

나와 생태계를 위협하는 '친환경'

화학물질의 안전한 사용에 관한 사회적 관심이 높아지

[8] 노동환경건강연구소 기획, 『고통에 이름을 붙이는 사람들』(포도밭 출판사, 2021); 김승섭, 『아픔이 길이 되려면』(동아시아, 2017).

박진영

며 환경과 건강에 영향을 덜 끼치는 소재나 새로운 공정을 개발하려는 투자가 적극적으로 이루어지고 있다. 이러한 투자에는 주로 친환경 용제, 친환경 용법, 녹색화학과 같은 말이 따라붙는다.

친환경이나 녹색을 등에 업고 행해진 변화들은 지구에 돌이킬 수 없는 흔적을 남겼다. 인도와 다수의 남반구 국가에서 1960년대부터 이루어진 '녹색혁명'은 2차 세계 대전 이후 인구 증가 과정에서 나타난 식량 부족 문제를 해결하기 위해 이루어졌다. 생산성이 좋은 개량종자를 개발하고 보급해 작물 생산량이 획기적으로 늘어날 수 있었다. 새로운 종자를 기르는 과정에서 이전까지 많이 사용되지 않았던 화학비료, 살충제, 제초제도 덩달아 많이 사용되었다. 일례로 인도에서는 30년간 작물 생산량이 비약적으로 증가했지만, 다국적 생명공학기업의 종자와 농약, 제초제 없이는 농사를 지을 수 없게 되었고 농민들은 막대한 빚에 시달렸다.[9]

인구 증가에 따른 식량 부족이라는 전 세계가 당

[9] 마리아 미스·반다나 시바, 손덕수·이난아 옮김, 『에코페미니즘』(창비, 2020).

면한 문제를 해결하기 위해 시작된 녹색혁명 이후 불법 농약 거래와 미승인 농약 판매가 증가하며 지구의 많은 토양이 화학물질로 오염되었다. 역설적이게도 농업 기술의 혁신과 녹색화를 거치며 생태계는 더욱 황폐해졌다. 이처럼 녹색혁명이라는 거대한 변화에서부터 집을 깨끗하게 하려고 사용한 친환경 살균소독제까지 더 나은 삶을 위한 크고 작은 실천들은 녹색과 안전이라는 가면을 벗고 부메랑이 되어 인간과 생태계를 공격한다. 무엇이 나와 가족과 환경을 위한 일인가 하는 경계는 세계화와 산업화와 녹색화의 자장 속에서 계속해서 흩뜨려진다.

코로나19 팬데믹과 기후위기의 시대에도 경계의 혼란은 계속되고 있다. '녹색'이 약 반세기 전의 키워드였다면, 오늘날에는 '전환'이라는 구호가 그 어느 때보다 높게 울려 퍼지고 있다. 이러한 외침은 기후위기 시대를 살아가기 위해 우리가 수백 년 지속해 온 삶의 양식과 사회 구조를 다시 생각하고 근본적인 변화를 꾀해야 한다고 요청한다. 넘쳐나는 전환 담론 속에서 구조의 변화와 개인의 실천은 연결되었다가도 끊어지고, 동맹하다가도 적대한다. 그렇지만 이 모든 것은 지구와 인간과 비인간과 생태계를 위한 일이라는 이유로 한데 연결된다. 개인과 구조를 가로지르는 전환의 공간은 발전소, 풍력 발전기가 설치된 산과 바다, 논과 밭과 농장과 축사, 철도와 전기차, 기후정의행진을 하는 거리, 자급자족을 위한 텃밭, 텀블러와 도시락을 씻고 준비하는 집을 오간다.

집 너머의 안전

기후위기와 탄소 배출물, 전환 담론을 나란히 보며 나는 여전히 화학물질을 생각한다. 기후위기를 야기한 석유산업은 역사적으로 늘 화학산업과 함께였다. 거의 대부분의 공산품에 쓰이는 합성수지(플라스틱), 합성섬유, 합성고무와 염료, 잉크, 계면활성제, 접착제, 향료, 의약품 등의 정밀화학제품은 땅과 바다에서 뽑아낸 원유를 원료로 한다. 정제, 분리, 추출, 여과 등의 기본 공정을 거친 원유에서 에틸렌, 프로필렌, 아세틸렌 등의 기초 화학원료를 얻고, 이런 원료를 합성하고 가공해 섬유, 자동차, 전기전자, 반도체, 신소재 등 우리가 아는 대부분의 산업에서 필요로 하는 핵심소재를 만들어 낸다. 우리의 삶의 양식이 화석연료에 전적으로 의존하고 있기에, 많은 전환 담론에서 화학물질에 관한 논의는 대체로 앞에 나서지 못한다. 하지만 우리 사회가 가습기살균제 참사를 비롯한 여러 재난을 통과하며 미약하게나마 체득한 감각이 분명히 있다. 바로 모든 편리한 화학물질이 안전성을 담보하지 않는다는 것, 우리의 힘으로 화학산업을 감시하고 규제할 필요가 있다는 것이다.[10]

기후위기라는 재난에 맞서 '정의로운 전환(just transition)'이라는 구호를 벼린다면 화학물질과 함께 엉켜 있는 친환경과 녹색의 실타래를 풀어야 한다. 정의로운 전환이란 환경에 유해한 산업의 규모를 줄이는 과정에서 파생되는 일자리 축소 문제와 이를 둘러싼 갈등을 해소하기 위해 대두된 움직임이다.[11] 그런데 이러한 주장은 1980년대 작업장의 유해 물질에 대한 노출 위험을 인지한 미국의 노동운동가 토니 마조

---

[10] 박진영, 『재난에 맞서는 과학』(민음사, 2023).

[11] 홍덕화, 「기후불평등에서 체제 전환으로: 기후정의 담론의 확장과 전환 담론의 급진화」, 《환경사회학연구 ECO》 24(1)(2020), 7~50쪽.

치와 그 동료들이 노동자의 건강과 안전을 위해서는 환경운동과 노동운동이 결합되어야 한다는 생각에서 비롯되었다.[12] 화학물질로 인한 건강 위험이 본격적으로 감지되고 다루어지기 시작한 장소는 일터였던 것이다.[13]

공장 안에서 안전하게 관리되지 않은 유해 물질은 노동자의 건강에 영향을 준 것은 물론 물, 대기, 토양을 매개로 퍼져 공장 밖 환경을 서서히 잠식했다. 공장 주변의 주민들은 오염된 환경에서 농사를 짓거나 일상을 영위하며 살아갔다. 물질은 집안으로도 침투했다. 환기를 위해 열어 둔 창문, 창문가에 널어 둔 빨래, 손수 키운 채소를 타고 들어왔다. 물질은 자연과 인간과 인공물을 매개로 집안과 밖, 공장 안과 밖의 경계를 넘으며 영향을 끼쳤다.

[12] 김현우, 「누가 정의로운 전환을 두려워하라」, 《뉴래디컬리뷰》 1(2)(도서출판b, 2021), 239~253쪽.
[13] 환경과학, 환경의학은 작업장에서 사용되던 독성물질로 인한 피해와 이에 대응하기 위해 대두된 산업의학, 산업위생 분야의 과학, 실천, 제도가 확장되며 새로운 분과를 이뤘다. Sellers, Christopher C., *Hazards of the Job: from Industrial Disease to Environmental Health Science*(The University of North Carolina Press, 1997).

위험은 구획된 공간을 중심으로 관리된다. 물질은 퍼져 나가고 이동하지만, 규제는 주로 공장이라는 고정된 장소의 내부를 어떻게 관리할 것인가에 치중한다. 사람들은 흔히 공장 내부의 관리와 규제가 제대로 이루어진다면 공장 밖 환경과 인근 민가의 환경이 안전하리라 생각한다. 그러나 생활화학제품으로 인한 위험과 생태계의 오염으로 이미 공해는 집 안으로 쉽게 이동하고 오염으로 인한 피해와 경험은 개인화된다.[14] 물질도 공간의 경계를 넘지만, 우리도 공간을 이동하며 먹고, 마시고, 자고, 일한다. 산업단지 내 기업으로 출근하는 노동자는 노동자인 동시에 산단 인근 지역에 사는 주민이며 산단 내 기업에서 생산한 제품을 소비하는 소비자이기도 하다. 집안을 돌보는 제품을 사용하는 소비자이기도 하지만 가사노동을 행하는 노동자이기도 하다. 물질의 위험은 어느 한 공간에만 머무르지 않는다. 더 확장해 보자면 많은 화학물질은 초국적

[14] Altman, Rebecca Gasior et al., "Pollution Comes Home and Gets Personal: Women's Experience of Household Chemical Exposure," *Journal of Health and Social Behavior* 49(4)(2008), pp.417~435.

박진영

으로 이동하고 있다. 유해 산업으로 인한 오염은 전 지구적으로 발생하고 있다.

전환 운동이 가닿을 수 있는 안전한 공간은 어디일까? 최근 한국 사회에서 정의로운 전환은 기후정의운동과 맞물려 에너지, 교통, 개발 산업에서의 권리 보장을 위주로 논의되고 있다. "차별 철폐, 공공 돌봄 증진, 공공 의료 확충, 노동시간 단축으로 기후위기 속에서 존엄하게 살아갈 권리를 보장하라."[15] 기후정의운동의 요구안을 보며 노동시간과 돌봄과 존엄하게 살아갈 권리를 화학물질과 연결해 생각한다. 과도한 노동시간과 부족한 돌봄 자원을 손쉽게 대체해 온 방법 중하나가 생활화학제품의 사용이었다. 온통 집 밖을 향한 전환의 구호 속에서 우리가 생활하고 일하는 공간에서의 안전과 권리와 전환을 떠올린다.

나에게 안전한 집은 바깥에 들이닥친 재난으로부터 나와 가족과 친구를 지키거나 맞서는 공간이 아니다. 더 깊은 지하에 만들어져야 할 벙커나 저 멀리 화성에 구축되어야 할 기지는 더욱 아니다. 자연과 인간과

---

[15] 923 기후정의행진 홈페이지, 「2023 우리의 요구」.

물질로 연결된 이상 밖으로부터 완전하게 지켜지고 분리된 안은 없다. 살균제를 뿌리고 환기를 시키고 여러 대의 공기청정기를 켜 두어도 언제고 미세먼지가 들어올 수 있는 것처럼 말이다. 안전한 지구와 안전한 사회 없이 깨끗하고 안전한 집만이 존재할 수는 없다. 우리가 마주하고 있는 여러 재난 속에서 존엄하게 살아갈 권리가 보장된 공간은 어떻게 나뉠 수 있느냐보다도 나와 우리가 어디를 딛고 있느냐에서 출발해야 할 것이다.

화학물질로 인한 위험은 계속해서 관리되어야 하고, 석유화학산업은 탄소뿐 아니라 화학물질의 생산에 있어서도 책임을 져야 한다. 모두가 안전하게 살아갈 권리를 얻기 위해 친환경과 녹색으로 뒤엉킨 화학물질을 헤쳐 전환의 구호 속에 녹여야 할 것이다. 지구도 그렇듯이 올바른 이해에서 시작해 내 손만으로 가장 깨끗하고 안전한 집을 가꾸기에는 돌이킬 수 없는 상황에 놓여 있는 듯하다.

박진영

이슬람 사원 짓기

육주원

육주원 경북대 사회학과 부교수. 서울대 미학과를 졸업하고 영국 워릭대에서 한국의 나눔화 남론과 성치에 대한 논문으로 빅사학위를 받았다. 소수자와 시민권, 인종·젠더·계급 정치, 예술 및 문화정책을 중심으로 연구하고 있다. 대구 북구 이슬람사원 문제의 평화적 해결을 위한 대책위원회에서 활동하고 있다.

[주요어] #무슬림 #이주민 #국경만들기
[분류] 사회학 > 인종주의 연구

"이처럼 인종화된 텃세는
무슬림 주민들의 새 집 만들기를 방해한다.
이들이 한국에서 자신들의
안정적인 공동체를 만들고
한국 사회에 소속감을
가질 수 없게 하는 것이다."

흔히들 집을 떠나야 집의 소중함에 대해 알게 된다고 말한다. 나에게 '집'이라는 것이 뭔가 풀어야 할 과제로 등장한 것은 한국을 떠나 유학 생활을 하면서부터다. 아는 이 없는 나라의 생경한 동네에서 집을 구하는 어려움부터 한집에서 사는 이들과 생활상의 삐걱거림을 조율해 가는 일까지, 새로운 집을 만들어가는 일은 녹록지 않았다. 박사과정 내내 한 동네 한집에서 쭉 지내며 그 집의 명실상부 왕고가 되어 집주인보다 내가 더 집을 아끼는 것 아닐까 혼동될 즈음에도 여전히 집에 대한 나의 감각을 흔들어 놓는 일들이 발생했다.

어느 날 같은 동네에서 공부하던 친구가 공항 가는 길을 배웅하러 시외버스 터미널에 갔다. 짐을 버스에 실은 뒤 꼭 안아 주고 돌아가려는데, 버스 기사가 나를 위아래로 훑어보더니 빙글빙글 웃으며 "넌 집에 안 가니?" 물었다. 거구의 백인 남성의 한쪽 팔에 "영국인이 먼저다(British First)"라는 문신이 보였다. 차별이 주는 모멸감, 폭력적 상황에서 불쑥 튀어나오는 공포는 아무리 여러 번 반복되어도 편안해지지 않는다. 간신히 "내 집 캔리(Canley)인데? 지금 갈 거야."라고 말했다. 그간 비슷한 인종차별적 상황에서 제대로 대응하지 못했다는 자괴감에 이불킥을 하던 밤들의 분노를 담아 쥐어 짜낸 용기였다. 그러자 징그러울 정도로 빙글거리는 웃음과 다시 돌아온 "아니, 네 진짜 집."이라는 말. "떼끼, 이놈. 내가 너보다 여기서 더 오래 산 영국 사람이면 어쩌려고 그러니!"라고 호통을 치진 못했다. 떨리는 몸으로 '진짜 집이 아닌 내 집'에 돌아와 맥주 캔을 따며 폴란드 하우스메이트에게 이제 정말 이 나라를 뜰 땐가 싶다고 얘기했던 것이 기억난다.

혐오에 부딪힌
이슬람 사원 짓기

이주(migration)를 연구하면서 '집 떠나면 고생'이라는 통념에 대해 다시 생각하게 되었다. 정든 장소, 가까운 사람들에 대한 애틋함을 담고 있는 듯한 이 말 이면에 이주의 시대임에도 여전히 공고한 사회적 배제와 차별, 그리고 하나의 '집'만 상상하는 국민주의적인 고집스러움이 있는 것은 아닌지 말이다. 그리고 내가 교수로 일하고 있는 경북대학교 근처 대구 대현동에서는 2021년부터 지금까지 '집'을 둘러싼 갈등이 계속되고 있다.

갈등이 있기 전에는 이슬람 사원을 재건축하려는 경북대 무슬림 학생들에 대해 잘 몰랐다. 주로 이공계 석박사 학생들인 탓에 인문사회계 쪽에서 마주칠 일이 없어서이기도 했겠지만 어떻게 대학 차원에서 이렇게까지 무심했을까 싶었다. 여러 출신국이 섞여 있지만 주로 파키스탄, 방글라데시, 나이지리아 출신인 학생들은 이슬람교 교리에 따라 하루 다섯 번 기도를 드릴 수 있는 조용하고 깨끗한 장소를 구하기 위해 오랫

동안 다양한 노력을 기울여 왔다. 대학으로부터 마땅한 장소를 제공받을 수 없었기 때문에 결국 몇 년에 걸쳐 십시일반 모은 돈으로 2014년 학교 서문 근처 대현동의 구옥 하나를 구입해 사원으로 쓰기 시작했다. 그 집이 너무 낡고 좁아 옆 건물을 새로 구입하고 관련 허가를 받아 재건축하기 시작한 것이 2020년 겨울이다.

낯선 땅에서 좀 더 안락한 새 집을 만들려는 꿈에 부풀어 있던 이들에게 예상치 못한 일이 닥쳤다. 2021년 2월부터 대현동, 산격동 일대에 이슬람 사원 건립을 반대하는 현수막이 걸리기 시작한 것이다. 그리고 "이슬람 사원을 거점으로 한 이슬람인들의 횡포"[1]가 무섭다는 '주민들'의 탄원서가 북구청에 접수되자마자 공사는 어떠한 현장 조사도 없이 무기한 중단되었다. 이게 내가 무슬림 학생들의 존재를 알게 되고 만나게 된 이유다.

북구청의 무책임한 공사 중지 이후 미디어는 사원 문제를 대현동 주민들 대 무슬림 사이의 갈등으로 보도하기 시작했다. 마치 무슬림은 주민이 아닌 것처럼

[1] 대현동 일부 주민들이 2021년 2월 대구광역시 북구청에 제출한 탄원서.

말이다. 그러나 무슬림 학생들은 내가 경북대에 부임하기 전부터 사원을 마련하고 인근에서 셋방살이도 하면서 사원과 이 동네를 집으로 여기고 살아왔다. 경북대 학생이자 엄연한 지역사회 일원인 이들이 처한 상황을 외면할 수 없었던 몇몇 교수들은 소음과 냄새 등을 이유로 초기에 반대하던 인근 주민들을 설득하고 사원 측에 건축 과정에서의 조정과 양보를 요청하며 평화적으로 문제를 해결해 보려 했다. 그러나 이러한 노력은 '무조건 이 자리에는 지을 수 없다'는 몇몇 주민의 강경한 입장에 부딪혔고, 이슬람교에 대한 인종주의적 혐오를 증폭시키는 특정 종교인들이 사안에 개입하기 시작하면서 갈등은 격화되었다.

사원 반대 현수막과 팻말에서 무슬림 학생들은 순식간에 "우리 문화와 동화되지 않는", "사람을 잔인하게 살해하는 테러리스트"들로 둔갑했다. 극우 정치를 표방하는 단체 국민주민행동, 난민대책국민행동 등과 특정 종교인, 개인들이 사원 건립 반대에 가세하기 시작하면서 현수막의 규모와 범위는 더 확대되었다.[2]

[2] 「초등학교 앞에 "탈레반 나가" 현수막…대구 이슬람사원 갈등 '진행형'」,《머니투데이》2021년 9월 23일.

유학 시절 내 집 앞에 걸려 있었다면 어땠을까를 끊임없이 생각하게 하는 무서운 표현이 무슬림 아이들도 다니는 초등학교, 놀이터 그리고 무슬림 연구자들과 그 가족이 오가는 골목 곳곳에 펄럭였다. 국가인권위원회가 2021년 10월 혐오 표현 현수막 제거를 권고했으나 그때뿐, 계속되는 현수막 게시에 대해 북구청은 침묵했다. 2023년 한 극우 정치인이 대구 곳곳에 "이슬람 OUT!"이라는 현수막을 내걸었다. 그런데 북구청은 이를 혐오가 아닌 정치적 의사 표현이라 한다. 혐오에 대한 상식이 뭔가 심각하게 잘못되었거나 선택적인 것이 아닐까.

결국 무슬림 학생들은 북구청을 상대로 소송을 진행했고 2022년 9월 최종심에서 승리해, 이슬람 사원 건립 공사를 재개할 수 있다는 법적 허가를 받아냈다. 하지만 반대 주민들은 차량, 비계, 골목 안 천막 등을 이용해 공사 자재 반입을 막아 실질적으로 공사를 재개할 수 없게 했다. 물리적 방해 외에도 다양한 상징적인 폭력이 가해졌는데 그중 하나가 "국민이 먼저다"라는 사원 앞 담벼락 현수막 위에 매달린 족발과 돼지머리였다. 이슬람에서 돼지고기를 금한다는 것은 잘 알려진 사실이다. 돼지 부속품이 전시된 사원 앞에서 돼지고기 구이와 수육을 나누어 먹는 잔치가 열리고, 무슬림 기도 시간에 맞춰 큰 소리로 트로트 음악이 울렸다. 이러한 혐오 표현은 진정한 '한국 문화'의 실천이자 자신들의 '집', 삶의 터전을 지키기 위한 것으로 정당화되었다. 눈과 귀를 의심케 하는 혐오 행위가 내 집, 내 나라를 지키기 위한 숭고한 행위로 화하는 것이다.

나는 다른 글에서 반대 주민들의 '국경만들기'[3] 실천을 '텃세의 공감각적인 전시'라고 명명한 바 있다.[4] 이때 텃세는 주거 기간에 비례하거나 국적의 소유 여부에 근거하지 않는다. 사원을 반대하는 주민 중에는 대현동 토박이가 아닌 사람들도 있다. 일례로, 사원 바로 옆집 주민은 무슬림 학생들이 이미 그 집을 사원으로 사용하고 있던 시점보다 늦게 이주했다. 무슬

---

[3] '국경만들기(bordering)'의 관점은 국경을 영토의 물리적 경계로만 사고하지 않고, 사회 내 다양한 주체들에 의해 어디에서나 만들어지는 것, 특정한 장소성에 기초한 소속감의 정치와 긴밀하게 연동되는 과정으로 본다.
[4] 육주원, 「다문화사회에서의 국경만들기와 갈등의 극단화: 대구 북구 이슬람사원 건립 갈등을 중심으로」, 《경제와 사회》 제139호(2023), 71쪽.

림 학생들은 그 주민은 '대현동 주민'이고 더 오래 거주한 본인들은 '이방인'이 되는 것을 의아해한다. 텃세는 시간적 정당성을 가지고 발현된다기보다 '한국인성'을 시간화하고 집을 가질 수 있는 자격을 공간화하는 장치다. "국민이 먼저"라는 주장의 국민도 법적 개념은 아니다. 무슬림 건축주 중에도 귀화하여 한국 국적인 사람이 있다. 북구청장은 이를 알고 있음에도 "우리 사회의 갈등 논의 과정에서 자국민 보호가 부족"하다고 말한다. 실질적인 대안 없이 기준을 알 수 없는 '자국민 옹호'를 외치는 것은 갈등에 불을 지피는 일이다. 한국은 이미 다문화 사회임에도 한국인성과 주민성은 특정 인종적 토대에 대한 상상과 결착된다. 이처럼 인종화된 텃세는 무슬림 주민들의 새집 만들기를 방해한다. 이들이 한국에서 자신들의 안정적인 공동체를 만들고 한국 사회에 소속감을 가질 수 없게 하는 것이다.

나를 미워하고 내가 이 공간에서 사라지길 바라는 사람이 있다는 것을 매일 떠올리기란 정말 참담한 일이다. 반대 주민들은 "크고 시커먼" 사람들이 동네를 돌아다니는 것이 무섭다고 했지만, 한 덩치 큰 남성 무슬림 남학생은 현수막이 동네를 도배하고 반대 시위가

육주원

격렬해지자 밤에는 집에 오기가 무서워 늦는 날이면 아예 실험실에서 쪽잠을 자고 낮에만 다녔다고 했다. 10년 가까이 한국에서 살았던 무슬림 학생 부부는 박사를 마치고 이런 환경에서 아이를 키울 수는 없다며 미국으로 떠났다.

혐오의 집 만들기
국가가 공범이다

대구 이슬람 사원 건립을 둘러싼 갈등에서 눈여겨봐야 하는 것은 단지 반대 주민들의 엽기적인 혐오만이 아니다. 글로벌 경쟁력 제고라는 목표하에 학생들을 유치한 후 방치하는 국립대, 일부 주민들의 탄원서 한 장으로 무기한 공사를 중지시켜 갈등을 키운 북구청, 행정 소관의 문제를 운운하며 수수방관하는 대구시 등 총체적인 국가의 '부작위'가 배제적인 혐오의 집 만들기를 용인하고 있다. 그간 북구청, 경찰 등은 반대 주민들의 인종주의적 텃세를 정당화하는 역할을 해 왔다. 국가 기관이 극단적인 혐오에 눈 감고 그것을 혐오가 아니라 국민들이 당하는 역차별이라고 말하는 순간 반대 주민들의 인종화된 소속감의 정치가 힘을 얻었다.

저출생, 고령화를 돌파하는 길로 다문화사회를 내세웠지만 국가는 정작 제 역할을 하지 않았다. 이런 역할의 부재 속에서 혐오의 정치에 휩쓸린 선주민들은 스스로 집 지키는 자경대로 나선다. 다문화 사회에서 이주민 통합은 그들을 빠르고 손쉽게 활용하기 위해 한국어를 가르치고 한국 문화를 주입한다고 이루어지는 것이 아니다. 이주민을 한국 사회 구성원으로 존중하고 같이 살기 위해서는 국가가 이들에게 일어나는 차별과 인권 침해를 예방하기 위한 제도를 마련하고, 갈등이 일어났을 때 적극적으로 새로운 해결의 기준을 제시해야 한다. 이주민 관련 사회문제의 원인은 이주민의 유입이 아니다. 외국인 학생 유치로 학령 인구 감소 위기를 극복하려는 대학이 학생들로 하여금 자신의 문화와 종교를 지키며 공부하도록 지원하지 못할 때, 이주자의 노동으로 지역 산업을 지탱하고 있는 지자체가 이들을 지역 주민이 아닌 일하는 기계로만 취급할 때 발생한다. 국가의 부작위 위에 돼지머리 사건이 터지면서 대구의 작은 사원은 전국적인 관심사에서 더 나아가 세계 언론과 UN이 주목하는 사안이 되었다.

하지만 2024년 지금도 여전히 이슬람 사원 공사는 기약 없이 중단된 상태다.

다시 집에 대해 생각한다. 아니, 집 만들기에 대해 생각한다. 반대 주민들에게 집은 떨어질까 불안한 집값일 수도, 익숙하고 비슷비슷한 얼굴을 한 사람들끼리 살아왔던 동네일 수도, 아니면 한국인으로서 모종의 소속감일 수도 있을 것이다. 이슬람 사원 건립으로 안온한 휴식처인 내 집이 달라질지도 모른다는 불안감을 품을 수도 있다. 그러나 이것들이 과연 다른 이들이 그 장소에서 자신의 삶을 지속하기 위해 애착을 갖고자 하는 행위, 새로운 집 만들기를 부정하는 근거가 될 수 있을까? 내 집을 좋은 집으로 만드는 것이 필연적으로 배타적인 과정일 수밖에 없을까?

인근 주민들을 포함해 사원 반대에 목소리를 높이는 사람들 중에는 사원이 번듯하게 지어지면 신도 수가 늘어나고 동네가 복잡해질까 걱정하는 사람도 있고, 혹시 집값이 떨어지지 않을까 우려하는 사람도 있다.[5] 또 애초부터 외국인이나 이슬람교를 싫어하는

[5] 「'경험 못한 갈등' 중재자 필요하다, 대구 이슬람사원 건축 3년 공방」,《조선일보》2023년 6월 11일.

사람들도 있다. 그러나 한편으로는 지역사회 문제에 대화의 장을 열어 보고 배타적 인종주의가 아닌 해법을 찾아보고자 하는 시민들도 있다. 이슬람 사원의 평화적 건립을 위한 대책위원회 활동을 하는 교수, 학생, 시민사회 활동가들, 이슬람 혐오에 반대하기 위한 '경대인의 행진'에 참여하고 무슬림 학생들을 동료로서 알아 가고자 하는 경북대 학생들과 이 문제를 자기 문제처럼 고민하는 시민들이 있다.[6] 이들과 함께 경북대 무슬림 학생들과 지역사회 무슬림들은 한국을, 대현동을, 새로운 집으로 여길 수 있도록 천천히 그러나 포기하지 않고 집 만들기를 지속하고 있다.

이슬람 사원 갈등을 취재해 단편 영화를 만들었던 경북대 학생의 이야기가 기억에 남는다. 사원에 대해 듣고 싶어 왔다는 그에게 어쩌다 관심을 갖게 됐냐고 묻자 해 준 이야기다. 경북대 편입생인 그는 어느 날 자취하는 골목에 걸린 혐오표현 현수막을 보고 큰 충격

[6] '경대인의 행진'은 이슬람혐오에 반대하는 경북대 구성원들의 카카오톡 오픈 채팅방에서 시작된 오프라인 행동이다. 거세진 혐오 표현에 문제를 느낀 참여자들은 점심시간에 교내 행진을 진행했다. 「외국서 '코리안 아웃' 나붙는다면?…이슬람 혐오 반대 나선 경북대」, 《한겨레》 2023년 5월 17일.

을 받았다. 처음에는 어떻게 저런 게 버젓이 걸려 있는지 이해할 수 없었다고 한다. 그런데 하루, 이틀, 며칠이 지나자 그 현수막 앞을 아무렇지도 않게 지나다니고 있는 스스로를 발견했다. 이대로는 안 되겠다는 생각에 무슨 일인지 알아보고자 카메라를 들었다. 혐오가 나쁜 것임을 모르는 사람은 별로 없다. 문제는 익숙해진다는 것이다. 내 일이 아닐 때는 쉽게 참아 넘길 수 있다는 것이다. 그러는 동안 배타적이고 위계적인 집 만들기, 텃세 부리기도 어느 순간 어쩔 수 없는 것이 되어 버린다. 혐오가 집이 되어 버리기 전에 상호 공존과 이해의 집을 만들어 가는, 우리 안 국경을 허무는 실천이 절실하다.

후구시마의
주민들

오은정

오은정 강원대 문화인류학과 조교수. 히로시마와 나가사키의 조선인 원폭 피해자들의 역사와 도쿄전력 후쿠시마 제1원전 폭발 사고 이후 지역 주민들의 활동에 대해 연구하고 있다. 공저로『오늘을 넘는 아시아 여성』,『재일 한인의 인류학』등이 있다.『원자력의 사회사』등을 번역했다.

[주요어] #후쿠시마원전사고 #방사능측정 #삶의세계

[분류] 인류학 > 원전사고 연구

"방사능을 측정하고, 검사하고,
진단하고, 상담하고, 설명한다.
눈에 보이지 않는 방사능을 그저
두려워하는 것이 아니라
행동의 방향을 정하고
실천을 조직한다."

2011년 3월 11일 오전 북서 태평양 지각 아래에서 태평양판과 북미판 경계를 이루는 단층이 미끄러졌다. 엄청난 높이의 쓰나미가 일본의 동북 해안을 덮쳤다. 나는 막 두 돌을 넘긴 아이와 함께 거실의 텔레비전을 통해 그 충격적인 장면을 접했다. 다음날에는 후쿠시마에서 가동 중이던 원전 3기가 폭발했다는 소식이 들려왔다. 일본에 거주하는 해외 주재원, 유학생, 외교관 등에 대한 자국 철수 명령이 떨어졌고, 일본 전역의 방사선량 수치가 전 세계에 실시간으로 타전되었다.

그때 나는 아이를 돌보며 2차 세계대전 당시 히로시마와 나가사키에서 피폭된 조선인 생존자들의 삶을 주제로 한 박사논문을 준비하고 있었다. 어떤 이들은 다 지나간 일을 왜 그렇게 붙잡고 있느냐 했지만 생존자의 삶에서 피폭은 여전히 진행 중인 사건이었다. 수만 분의 1초도 안 되는 순간의 원자폭탄 폭발은 생애 전 과정에 영향을 끼친다. 원자로 내부의 핵연료 멜트다운은 원자폭탄처럼 순간적으로 엄청난 에너지를 방출하는 것은 아니지만 그와 맞먹는 핵분열을 수만 년에 걸쳐 지속한다는 점에서 더 미묘하고 복잡하다. 빨리 논문을 마무리하고 후쿠시마 원전사고를 들여다보겠다고 계획했지만, 후쿠시마에 가게 된 것은 7년이나 지난 후였다. 도쿄올림픽 개최를 2년 앞둔 2018년 2월, 도쿄에서 후쿠시마 해안가로 이어지는 JR조반선 철도가 후쿠시마 원전 지역 일부만을 입경 금지 구역으로 남기고 운행을 재개한 때였다.

나미에마치로 향하는 열차는 나를 포함한 승객 두어 명을 태우고 해안선을 따라 천천히 달렸다. 열차가 멈춘 나미에마치 역은 모든 것이 정지해 있는 듯 고요했다. 붉은 녹물이 흘러내리는 신호등과 검정색 플렉시블 용기에 담긴 제염 폐기물만이 마을의 풍경을 이루고 있었다. 존재들은 살아가며 호흡, 소리, 색, 냄새, 생각, 행위, 물질의 자취를 '선'(line)으로 남기고, 그 선

오은정

들은 이어지고 엉키며 '삶의 세계'를 만들어 낸다.[1] 삶의 세계를 이루는 선들이 끊어진 자리에서 움직이는 것은 제방 공사를 위해 동원된 육중한 대형 트럭 몇 대뿐이었다. 열차에서 내려 밖으로 나가자 작은 역을 지키던 역무원이 서둘러 나에게 다가와 '여기'에서 '밖'으로 나갈 수 있는 열차는 몇 시간 후에나 올 테니 타고 왔던 열차가 돌아갈 때 나가는 편이 좋겠다고 친절히 안내해 주었다.

내일이 없는 피난 생활

후쿠시마현 나미에마치에 살고 있던 간노 미즈에가 방호복과 방독마스크를 쓰고 있는 사람들로부터 다급하게 피난을 가라는 말을 들은 것은 2011년 3월 12일이었다.[2] 불과 두 달 전, 그녀는 "후쿠시마 원전은 어떤 재해에도 끄떡없다."라는 도쿄전력 홍보 직원의 말을 들으며 고개를 끄덕였다. 지진과 쓰나미로 전기와 통신이 다 끊겼을 때도 간노는 여느 때처럼 시간이 지나

[1] Tim Ingold, *The Life of Lines*(Routledge, 2015).
[2] FOE JAPAN, "[후쿠시마 기억하기 프로젝트] 간노 미즈에".

면 다시 일상으로 돌아가리라 생각했다. 그 생각은 여지없이 무너졌다. 3월 15일 마을 주민들에게 피난 지시가 내려졌다. 간노는 후쿠시마현에서 지정한 임시 피난처가 아닌 나가노에 있는 여동생의 집에 머물기로 했다. 금방 집으로 돌아올 것이라 기대했다.

마을을 나서는 길목에는 선량 측정 검사소가 설치되어 있었다. 현의 원자력 재난 지침에 따르면 방사선 계수가 1만 3000씨피엠[3]을 넘으면 시민에게 안정 요오드를 제공하고 기록에 남겨야 했지만 현실은 달랐다. 검사소 직원이 그의 몸에 선량계를 대자 바늘이 한계치를 넘어 제대로 작동하지 않았지만 새로운 선량계로 다시 측정하지 않았다. 안정 요오드도 받지 못했다. 간노는 겉옷 몇 가지를 들고 마을을 빠져나왔다.

어쨌든 나가노 쪽으로 갔습니다. 밤새도록 좁은 차 안에서 아들이랑 실랑이를 벌이면서 갔어요. 아들이 자기는 "도망치고 싶지 않다."라고 하더라구요. "어

[3] 1분당 측정되는 방사선수(count per minute). 후쿠시마 원전 사고 당시 일본에서 한국으로 입국한 이들의 방사능 오염 여부를 판정할 때의 기준은 70씨피엠이었다.

차피 어딜 가더라도 못 사는 거라면 그냥 쓰시마에 돌아가고 싶다."라고요. (……) 고속도로를 타기 시작해 처음으로 주차를 했어요. 거기 큰 커피 전문점 체인이 있는데 그곳은 평소처럼 커피를 팔더군요. 항상 블랙커피를 마시는데, 그때는 라떼를 마신 게 생각나요. 라떼를 마시기 시작하는데 눈물이 나면서 멈추질 않는 거예요. '왜 여기는 다 이렇게 평범한 일상인 거지?' 우리에게는 내일이 보이지 않는데, 여기엔 일상이 유지된다는 게, 이해가 안 되는 거예요. '왜 이런 일이 일어난 거지?'

원전사고 영향 구역에서 피난 명령을 받은 16만 4000여 명의 주민에게 '평범한 일상'이 사라진, '내일이 보이지 않는' 날들은 이후로도 수년간 이어졌다. 집을 떠난 많은 이들이 타 지역의 가설 주택 임시 숙소로 뿔뿔이 흩어졌다. 피난자의 절반 이상이 네 곳 이상의 피난지를 전전했다. 그러는 동안 사람들은 집과 일자리 그리고 이웃을 잃었다.

임시 숙소에서의 생활은 피재민의 몸과 마음을 아프게 하고 심지어 죽음에 이르게 했다. 2017년 원전사고 후 피난 생활을 하는 시민들을 연구한 쓰쿠바대학 정신의학과의 다치가와 히로카 교수는 연구 대상자 310명 중 20퍼센트가 '자살 생각을 한 적이 있다'고 응답한 결과를 발표했다. 설문 대상 39퍼센트가 외상 후 스트레스장애를 의심할 만한 증상을 보였다. 집을 떠나 가족과 떨어져 지내야 하는 고통이나 금전적인 어려움으로 인한 가족 간 불화도 빈도 높게 보고됐다.

기억과 다른 집으로

동일본대지진 이후 일본 정부는 재난 지역의 복구를 위해 10년간 약 340조 원의 부흥 예산을 쏟아부었다. 도로와 철도, 제방 건설 등 지역 기반 시설이 복구되고 제염 활동이 진척되며 피난 명령이 해제되기 시작했다. 이에 따라 힘든 임시 숙소 생활을 접고 귀환하는 사람들이 생겨났다. 이타쿠라 마사오는 피난 생활 7년째인 2018년 4월 도미오카의 고향 집으로 돌아왔다.[4] 그러나 집은 예전 그대로가 아니었다. 원전에서 6킬로미

[4] FoE Japan, "[후쿠시마 기억하기 프로젝트] 후쿠시마현 도미오카마치로 귀환한 이타쿠라 마사오 씨".

터 정도 떨어진 마을의 공기 중 방사선량은 안전 범위라고 했지만, 집 안에서 세 배가 넘는 수치가 찍힐 때도 있었다. 그러나 피난 생활을 끝낼 수 있다면 감수할 수 있었다. 귀환은 그에게 최선의 결정이었지만 다른 사람에게도 같은 선택을 하라고 말하지는 않는다.

저는 노인이라 여기 있는 거죠. 예를 들어 방사능 때문에 내일 (저에게) 무슨 일이 일어난다고 해도 아무도 방사능 때문이라고는 하지 않을 겁니다. 나이가 많아서라고 하겠죠. 손주와 아이들은 웬만하면 이곳에 오지 말라고 하고 있어요. (……) 이곳 후쿠시마를 보지 않는 사람은 언론 보도만 듣고 텔레비전만 보는 사람은 이 현실을 상상조차 못 할 거예요. 정말 이거 (방사성 폐기물) 엄청난 양입니다. 이걸 도대체 어떻게 하려나 싶어요. 검은 봉지에 넣은 걸 트럭으로 가져와서 놓고 갑니다. 그걸 펼쳐놓고 방사선량을 계산합니다. 점점 늘어나고 있어요. 임시 보관 장소에 두는 거죠. 임시 보관도 사실 아니에요. 2차 보관 장소는 어디냐고 물어봐도 그런 곳은 없거든요. 이런 상황에서 부흥이라는 구호만 목청껏 외치고 있습니다.

상실한 것들의 목록은 길게 이어진다. 피난 지시가 해제된 이이타테무라에 귀환한 여성들은 이렇게 말한다.[5]

손자들이 이이타테 집에 오지 않아요. 올 수 없다고 해야겠지요. 큰아들의 아이들도 한 번도 오지 않았어요. 손자는 아빠의 고향을 알지 못하겠지요. 자연이 풍요롭고, 봄에는 고사리나 부근의 나물을 따서 먹거나 쑥을 캐서 초병을 만든다거나 하던, 전부터 먹던 걸 이제 먹을 수 없어요. 밤하늘의 아름다운 모습도 손자들에게는 보여 줄 수 없게 되었어요. 같이 놀고 싶어요.

사계절마다 먹을 수 있었던 이이타테의 집 주변의 푸성귀, 산나물, 그런 게 아무래도 가장 큰 게 아닐까요. 돈에 기대지 않고도 살아갈 수 있었던 삶을 잃어버린 것 같아요.

[5] いいたてWING19, 『飯舘村の女性たち』(SAGA Design, 2016).

지역이 모두 뿔뿔이 흩어져 버려서 그게 슬퍼요. 키즈나(絆)라고 할까, 연(縁)이라고 할까, 연결되어 있다는 것, 그런 게 없어져 버린 것 같아 쓸쓸하지요.

1986년 체르노빌 원전사고 이후 탈원전과 생태적인 삶을 실천하기 위해 후쿠시마 산속 찻집 '키라라'를 운영하던 무토 루이코는 원전사고 이후 도쿄전력 경영진의 책임을 묻는 소송을 진행했다. 그는 주민들에게 "마땅히 있었어야 할 시간"[6]이 사라졌다고 말했다. 정부는 복구와 부흥을 외쳤지만 고향으로 돌아온 사람들에게 가족 그리고 이웃들과 연결된 생활, 주변의 텃밭과 논 그리고 숲이 내어주는 것들로 꾸리는 삶은 더는 당연하지 않았다. 제염되지 않은 집에서 평범한 일상은 회복되기 어려웠다.

삶의 세계를 바꾸는 목소리

폐로와 제염의 상황을 직접 눈으로 목격한 주민들은

---

[6] 武藤類子, 『10年後の福島からあなたへ』(大月書店, 2021).

정부의 부흥 완료 선언도, 안심해도 좋다는 도쿄전력과 전문가들의 발언도 믿을 수 없었다. 일례로 일본 정부는 오염수 방류가 40년에 걸쳐 완료될 것이라 선전하지만 그것이 현재 오염수 저장 탱크에 저장된 분량에 한해서라는 점은 잘 이야기하지 않는다. 오염된 원자로 주변에 흘러드는 지하수나 원자로 중심부에서 누출되는 방사선량이 애초 예상치보다 훨씬 높았고, 폐로의 핵심인 핵연료 잔해물을 회수하는 작업은 시작도 하지 못했다. 원전사고 수습의 최전선에 있는 일본원자력학회조차 "폐로는 적어도 100년에서 300년 정도 걸린다."[7]라고 말할 정도다.

원전 인근 지역을 떠나지 않았거나 귀환한 주민들의 긴장과 불안이 높은 것은 당연했다. 특히 살림하고 아이를 돌보는 여성들은 피폭 위험에 대한 우려가 더 높았다. 식재료를 고르고 야외에 빨래를 너는 것, 바깥에서 아이와 산책이나 놀이를 하는 것, 집 안으로 들어온 먼지를 닦아 내고 청소를 하는 일상이 이전에 하지 않았던 질문을 하게 했다. "아이들이 어린이집 놀이

[7] 福島第一原子力発電所廃炉検討委員会, "国際基準からみた廃棄物管理"(2020).

오은정

터에서 흙을 만져도 될까?", "바다에서 수영을 해도 될까?", "후쿠시마에 남아 아이를 기르는 게 옳은 결정이었을까?"

후쿠시마에서 아이를 기르는 데에 불안을 느끼는 지역 여성들은 모여서 직접 방사능 수치를 측정하기로 했다. '젖먹이를 기르는 어머니'라는 의미를 지닌 후쿠시마의 방사능측정실 '타라치네'는 안전한 먹을거리를 찾는 엄마들의 모임이 모태가 되었다. 단체에서 직접 설치한 장비로 측정한 방사선량 모니터링 결과와 다양한 종류의 식재료 표본을 제공하고, 아이들이 일상에서 가지고 노는 놀잇감이나 흙, 나무, 때로 유골까지도 의뢰가 들어오면 측정치를 제공한다.

타라치네가 하는 일이 선량 측정만은 아니다. 내가 처음 단체를 방문했던 2018년 2월 타라치네는 사무실과 소아과상담실 옆에 아로마 테라피 공간을 만들고 있었다. 부모들이 불안과 스트레스를 줄이고 편하게 이야기 나눌 수 있는 곳이다. 피폭 위험에 대한 불안이나 걱정을 드러내면 '지역의 부흥 노력에 찬물을 끼얹는 철부지'라거나 '피해망상에 사로잡힌 이기주의자'라는 비난을 받는 분위기 속에서 타라치네는 아이를 기르는 여성들이 마음을 터놓을 수 있는 장소였다. 타라치네는 체르노빌 원전사고로 피폭된 벨라루스 사람들을 초청해 간담회를 열기도 했다.

사람은 자기가 직접 당하지 않으면 그 심정을 잘 모르잖아요. 방사선이라는 것도 보이지 않고 만져지지 않고 냄새가 나는 것이 아니기 때문에 사람들은 잘 몰라요. 마음을 잘 모르는 것과 마찬가지죠. 그런데 벨라루스 사람들이 왔을 때 그 사람들과 이야기를 나누면서 입장이 비슷하다는 것이 얼마나 서로 간의 공통감각을 만들어 내는지 느낄 수 있었어요. 비슷한 경험을 한다는 것이 주는 것, 동료들을 만나는 것이 그래서 중요하지요.[8]

타라치네는 방사능을 측정하고, 검사하고, 진단하고, 상담하고, 설명한다. 사람들은 타라치네의 활동을 통해 자신이 거주하는 삶의 세계를 해석하고 같은 지역에 살아가는 사람들 사이의 공통감각을 만들어 낸

[8] 스즈키 가오리 타라치네 사무국장 인터뷰, 2018년 2월 19일.

오은정

다. 눈에 보이지 않는 방사능을 그저 두려워하는 것이 아니라 행동의 방향을 정하고 실천을 조직한다. 불안과 의심, 무심함과 무지, 삶의 가능성에 대한 희망이나 의지는 한 지역에서 살고 있는 사람들에게 그저 주어지지 않는다. 감정과 태도들은 다양하고 복잡한 수치들을 비교하고 구분하면서, 차이들을 인식하고 만들어 내는 과정을 통해서 정교하게 엮인다.

그런 점에서 방사선량 측정 활동은 삶의 세계를 구축하는 다양한 사람과 사물들의 관계를 조정하고, 정책과 제도에 문제 제기하는 작업이기도 하다. 2023년 9월 일본 정부의 오염수 방류를 앞두고 타라치네는 오염수 방류를 반대하는 입장을 발표했다. 활동가 기무라 아이는 BBC와 진행한 인터뷰에서 "우리는 오염수가 어느 정도까지 처리되었는지 아직 모른다."[9]라며 후쿠시마에서 출하한 식재료의 방사성 물질이 점차 감소 중이었는데, 오염수를 방류하면 이 수준까지 끌어올린 자연의 힘이 무효가 된다고 말했다. 도토리로 만든 팽이, 진공청소기 필터에 뭉친 먼지, 시장에서 구입

[9] 「후쿠시마 원전 오염수 방류 앞두고 알려진 사실들」,《BBC 코리아》, 2023년 7월 15일.

한 양배추, 사망한 이들의 뼈, 후쿠시마현 바닷물 샘플 등을 꾸준히 측정하면서 그들이 구축하고 발신한 입장이다.

2011년 3월에 나와 함께 텔레비전을 보았던 아이는 중학교 3학년이 되었다. 아이는 보통의 사춘기를 보내고 있고 나는 지금 방학을 맞이한 아이를 돌보고 크고 작은 집안일들을 처리하며 이 글을 쓰고 있다. 원전사고가 아니었다면 후쿠시마에서 아이를 기르던 여성들에게도 평범했을 일상이다. 돌이켜보면 그 사고는 나와 아이 그리고 우리에게도 찾아올 수 있는 재난이었다. 후쿠시마 원전사고 조사위원회의 한 전문가는 사고가 가까스로 수습될 수 있었던 것은 아이러니하지만 운이 따랐기 때문이라고 했다. 쓰나미가 조금만 더 높았더라도, 외부 임시 전원 공급이 조금만 늦었더라도 핵연료 멜트다운은 통제 범위를 벗어났을 터였다. 그러니 나의 평범한 일상은 그저 운이 좀 더 좋아서 누리는 것이다. 나는 이 취약한 장소를 여전히 집으로 삼고 살아가는 사람들이 평범한 일상을 회복하기 위해 만들어 내고 발신하는 목소리를 듣고 이어 말하고 있다.

전세 제도의 미래

조원희

조원희　　서울대 경제학과를 졸업하고 런던대에서 경제학 박사를 받았다. 1992~2020년 국민대 경제학과 교수로 재직했으며 현재 국민대 명예교수로 있다. 한국사회경제학회 회장, 대통령 자문 정책기획위원회 위원(2017~2019)을 지냈다. 『가치이론 논쟁』(공저), 『한국경제의 위기와 개혁과제』(공저) 등을 썼다.

[주요어] #종잣돈 #도시지주 #인구이동
[분류] 경제학 > 거시경제학

"부를 향한 질주에서
성패를 좌우하는 것은 시간이었으니,
누가 종잣돈을 빨리 땅과 주택에
꽂느냐에 따라 부의 크기가 달라졌다.
여기에서 발생한 것이
한국 특유의 전세 제도다."

한국인에게 주택이란 어떤 의미인가? 사랑하는 사람들이 함께하는 소중한 공간일까. 정을 나누는 이웃, 추억이 쌓이는 지역공동체와 연결되어서 늙으면 돌아가고 싶은 마음의 고향일까. 아니면 각자가 보유한, 또는 돈 벌면 장차 구입할 자산 목록 중 첫 번째로 꼽히는 경제적 자산일까. 대부분의 사람들에게는 후자일 것이다.

구조가 천편일률로 동일하고 개성이 없는 아파트가 무슨 마음의 고향으로 자리 잡을 일도 없고, 그저 일이나 공부 같은 외부 활동을 정신없이 한 뒤 잠깐 휴식하고 잠자는 곳이다. 왜 한국인에게 집은 그간 유난히도 모은 자산을 보존하고 증식시키는 수단, 자신의 경제적 성공을 과시하는 상징으로 인식되는 것일까? 세상에 이유 없는 무덤은 없듯이 여기에는 사연이 있다.

집, 최고의 투자수단

한국 경제는 성장 속도가 엄청났다. 집값과 대지 가격
은 집에 대한 수요가 증대하면 그에 비례해서 오르게
마련이다. 1인당 소득이 급격히 증대하는 동시에 산업
화가 수도권이나 소수의 도시, 인위적으로 조성된 공
업단지를 중심으로 이루어지자, 인구가 이들 좁은 지
역으로 몰리면서 주택 수요가 증가하고 집값이 크게
상승했다. 지난 40년간 집값은 인플레나 명목이자율보
다 두 배 이상 올랐다는 통계가 있다. 집 사서 손해 본
사람이 없다. 집값은 일시적으로 정체할 수는 있으나
하락하는 일은 거의 없었다.

　　주식 투자를 해 본 사람은 알지만, 개인이 주식 투
자를 하면 직장 일이 손에 잡히지 않을 정도로 주가 변
동에 신경이 쓰인다. 주식 투자의 핵심은 타이밍이라
계속 들여다보아야 한다. 기업은 영고성쇠를 거듭하므
로 한 기업 주식을 쭉 가지고 있어서 될 일이 아니다.
계속 갈아타기를 해야 한다. 또한 하락기에는 철수해

서 쉬기도 해야 한다. 그런데 집이라는 물건은 한번 사면 10년이고 20년이고 쥐고 있으면 된다. 끊임없이 어딘가 개발이 이루어지고 있으므로 가끔 어디 개발 호재가 있나 하고 살피는 것으로 족하다.

한국에서는 정부가 주도하는 대규모 택지 개발 사업과 표준화된 아파트의 대량 공급이 주요한 주택 공급 방식이었다. 집값 상승을 적절히 통제하는 일이 정치권력의 성패를 좌우할 정도로 주요한 일이었기 때문이다. 아파트라는 표준화된 주택은 하나의 상품으로 거래되기에 적합한 조건을 갖추고 있다. 경제 성장을 위해 인위적으로 억제된 금리, 지속적인 통화 증발에 따른 인플레 상황에서 아파트는 서민이 자신의 자산 가치를 유지하는 수단으로 주목되었다. 그래서 너나없이 돈 생기면 집을 사게 되고, 다시 아파트 가격을 끌어올려 집은 더욱 각광받는 부의 축적 수단이 되었다. 금의 경우는 미국이 달러 가치를 방어하기 위해서 끊임없이 시카고 금 선물 시장에 개입해 가격을 억제하는 통에 세계 어디에서나 가치 저장 수단으로서 매력을 잃었다. 주택은 금 등 귀금속, 채권, 주식에 비할 바 없는 매력적인 상품이 된 것이다.

전세 제도의 비밀

과거 농경 사회에서 부자는 농토를 많이 가진 사람이 었다. 그래서 부유한 정도를 표현하는 말로 '저 사람은 천석꾼이다, 만석꾼이다'라고들 했다. 서양에서도 마찬가지로 근대가 시작되기 전 부자는 시골 지주, 시골 귀족과 거의 같은 말이었다.

오늘날 부자는 누구인가? 크고 작은 기업을 하는 기업인, 자본가를 제외한다면 강남에 큰 집 가진 사람, 건물 가진 사람, 즉 '도시 지주'다. 차이라면 시골 지주는 그 나름대로 교양인이었으나 '돈이 교양'인 자본주의 세상에서 도시 지주는 교양인과는 거리가 멀다는 점이다. 교양 없다고 누가 흉도 안 본다. 이들이 돈 번 과정을 보면 십중팔구 일해서 번 돈은 그냥 종잣돈이고 정작 큰돈은 그 종잣돈으로 산 땅, 집, 비주거용 건물값이 천정부지로 올라 축적한 부다. 피라미드 판매를 아주 나쁜 장사 방식이라고 욕하지만, 사실 도시 지주가 돈을 번 방식도 일종의 피라미드 판매다. 소득이 증대한 수십 년 동안 사람들이 몰려든 곳에서는 땅을 선점한 사람이 뒤에 오는 사람을 발판으로 돈을 벌고.

또 그 사람은 더 뒤에 오는 사람들을 활용해서 돈을 버는 구조가 한국의 도시 땅값, 집값 상승의 비밀 아닌 비밀인 것이다.

일단 기차에 올라타야 어디로든 갈 수 있듯이 종잣돈이 있어야 뭔가 돈을 버는 구조였다. 재산이 많은 사람은 개발 호재를 이용해 계속 투자처를 옮겨 다니면서 더욱 부를 늘렸다. 과거 개발연대를 살아온 나이 많은 사람 가운데 가난한 도시민은 욕망의 열차에 올라탈 승차권을 살 종잣돈을 마련하지 못한 사람이 많다. 그간 부를 향한 질주에서 성패를 좌우하는 것은 시간이었으니, 누가 종잣돈을 빨리 땅과 주택에 꽂느냐에 따라 부의 크기가 달라졌다. 여기에서 발생한 것이 한국 특유의 전세 제도다.

집값이 1년에 10~20% 이상 상승하는 일도 허다한 상황에서, 사업자가 아닌 일반인이 은행에서 대출을 받는 일은 거의 불가능할 때(주택담보대출은 외환 위기 이후 소비자금융이 확대된 2000년 이후에 본격화되었다.) 예를 들어 집값이 4억 원이고 내가 모은 돈은 2억 원이라고 가정해 보자. 이때 전세로 2억 원에 들어올 사람이 있다면, 부족한 2억을 모으는 대신 자기 돈 2억에 전세금 2억을 더해 집을 산다. 10년 동안 집값이 8억 원으로 오른다. 그러면 나는 4억 원의 차익을 남기게 된다. 이른바 레버리지 효과로 2억의 200%(4억) 수익을 챙긴 것이다. 실제 한국 주택시장에서 일어난 현상이 이와 유사했으며 그보다 더 높은 수익이 발생한 경우도 허다하다. 공금융이 억제된 상황에서 자연 발생한 일종의 사금융인 전세 제도는 부를 향한 질주에서 시간 단축 수단이었던 것이다.

집값의 결정

전세 제도는 집값이 지속적으로 상승하는 국면에서 집값 상승으로 인해 미래에 발생할 이익을 집주인과 전세인이 적절히 나누어 갖는 좋은 제도였다. 전세를 끼고 남보다 먼저 경쟁적으로 집을 사려는 수요가 있었고, 이들이 매입한 집이 전세 시장에 넘치게 되면 미래 수익을 일정 수준으로 제한할 정도로 전세 가격이 하락했다. 결과적으로 전세금은 집값의 30~50%를 넘지 않아서 전세인도 일정 이익을 누리는 것이다.

그런데 이런 긍정적인 효과는 집값이 안정되면 조

만간 사라진다. 집값이 영원히 오르지는 않을 것이라 보면 전셋값은 집값의 50%는커녕 100% 이상으로 되어야 합리적이다. 집주인은 집 보유에서 추가로 얻는 이득이 아무것도 없는데 집 수리비, 재산세 등 비용을 부담해야 하기 때문이다. 앞서 언급한 대로 표준화된 아파트가 넘치고 주택 금융시장이 발달한 현재 한국에서 주택은 하나의 금융상품이 되었다. 주택은 상업용 건물, 토지, 금, 채권, 주식, 장기저축 상품과 경쟁하는 하나의 투자상품이 되었다는 말이다.

일부 지방에서는 이미 실현되고 있지만 서울과 수도권에서도 만약 주택 보급율이 110~120%에 도달하고 집값이 안정된다면 전세 제도는 사라질 것이다. 월세 수입이 타 금융상품과 유사해지도록 집값이 조정되는 것이다. 예를 들어 대표적인 수익률이 5%라고 가정할 때, 어떤 집의 월세가 100만 원이라면(연 1200만 원) 이 집의 일종의 균형가격은 2억 4000만 원이 된다. 왜냐하면 집값이 그 이상으로 오르면 집 대신 5% 이자(또는 수익)가 나오는 금융상품을 사는 편이 이익이기 때문이다.

이렇게 되면 집값은 금융시장의 사정, 특히 이자

율에 민감하게 반응하게 된다. 한국에서는 가계부채가 경제를 짓누르는 핵심 문제로 꼽히는데, 그 1차적 요인이 주택담보대출이다. 매입자금에서 대출이 차지하는 비중이 높을수록 집값은 이자율에 더욱 민감하게 반응한다. 한 보고서에서는 이자율 추이를 감안할 때 집값은 2021년 고점 대비 평균 50%는 떨어질 것으로 예측했다.[1] 물론 집값은 다른 많은 요인, 특히 전반적인 경기 상황(성장률)에 의존하는 것이므로 당장 그렇게 된다는 보장은 없지만, 모든 사정이 동일하다면 이자율에 대비해 지나치게 높은 것은 사실이다.

돌려받지 못하는 전세금

2023년 문제가 된 빌라왕, 전세 사기 사건을 들여다보자. 만약 1억 원짜리 빌라의 전세가가 집값의 90% 이상이고 빌라왕은 자기 돈은 거의 없이 100채의 빌라를 매입하여 전세를 놓았다고 해 보자. 그러면 빌라왕과 빌라들의 전세인의 경제적 입장은 무엇인가?

[1] 교보생명, 「2024년 부동산 시장전망」, 2023.11.13.

빌라왕은 경제학적으로 약간의 프리미엄을 지불하고 빌라의 가격 상승에 배팅(즉 콜옵션을 매입)한 것과 같다. 한편 전세인은 빌라의 향후 가격 전망을 어둡게 보고 가격 유지 또는 가격 하락에 배팅(풋옵션을 매입)한 셈이다. 파생금융상품 시장과 유사하다는 말이다. 빌라왕이 자기 돈 10억, 전세금 90억 원으로 빌라 100채 즉 100억 원 자산에 배팅해서 만약 빌라 가격이 10% 오른다면, 10억 투자로 100%(10억) 수익을 얻게 된다. 레버리지 효과가 어마어마한 것이다. 그런데 만약 이자율이 급증해 빌라의 가격이 상승하기는커녕 30% 하락(총자산 가치가 100억에서 70억으로 하락)하면 어떻게 되나? 그러면 가진 빌라를 다 팔아도 전세금 내줄 돈이 자기 돈 10억 제하고도 20억 원 부족하다.

이런 사태를 방지하기 위해 선물, 옵션 등의 파생상품 시장에서는 증거금을 두고, 가격이 떨어지면 마진콜을 해서 투자금의 20~30%를 유지하도록 한다. 그러나 주택시장에서는 이런 마진콜 제도를 도입할 수가 없다. 주택도시보증공사(HUG)에서 궁여지책으로 전세금 보증보험 제도를 운영하고 있지만, 대규모 가격폭락 사태로 큰 손실이 발생하면 이 제도는 유지하

기 힘들다. 집주인의 주택보유 정보를 제공하는 방안
도 고려해 볼 수 있지만 실효성이 없는 임시방편일 뿐
이다. 악랄하게 집값을 부풀려 전세금을 집값 이상으
로 받아 낸 그야말로 전세 사기도 있다. 다만 집이 금융
상품이 되어 집값이 금융시장 상황 변화에 따라 언제
든지 폭락할 수 있으며 전세금이 집값에 근접하는 상
황에서는 전세인이 전세금을 돌려받지 못하는 사태를
피할 수 없다. 애당초 이런 조건하에서는 전세 제도가
아니라 월세 제도가 합리적이다.

인구절벽 시대의 집

집으로 인해 울고 절망하는 일이 언제쯤 사라질까? 혹
자는 한국의 인구절벽이 주택 수요를 감소시켜 집값은
하락 추세로 반전하거나 적어도 급증하는 일은 없어질
거라고 말한다. 여기에는 주의할 사항이 있다. 지역 간
의 인구 이동을 살펴보아야 한다.

　　오늘날의 인구 급감은 지방 소도시, 농촌 마을을
소멸시키면서 대도시로의 인구 집중을 오히려 증가시
킨다. 임계점을 넘으면 작은 도시를 유지할 인프라가

붕괴하면서 나머지 사람들이 떠나는 것이다.

영국 런던의 교외에 가면 멋진 집들이 즐비하고 젊어서 뼈 빠지게 금융가에서 돈 벌어 일찍 은퇴한 금융인들이 많이 사는 주식 중개인 벨트(stockbroker belt)가 있다. 중남부 코츠월즈(Cotswolds) 지역에는 경탄을 자아내는 집들이 즐비한 멋진 마을들이 수도 없이 많다. 편의시설이 잘 갖추어져 있으니 여유 있는 노년층이 모여 산다. 이렇게 도시의 집들은 일하는 젊은 층에 넘기고 노년층은 은퇴한 후 태어난 고향 등 농촌으로 귀촌하면 서로 좋으련만 한국에서는 선순환이 어려운 실정이다. 고령자가 도시를 더 떠나지 않으려 하며 풍광 좋은 시골에 지은 전원주택이 건축비의 반의반으로도 팔리지 않는 주요 이유다.

2015년 이래 지금까지 서울과 수도권으로의 이동, 특히 젊은 층의 이동이 증대하고 있다.[2] 대학 진학 등 교육 이동이 대부분인 15~24세 그룹, 취업 이동이 많은 25~34세 그룹 모두 수도권의 순유입 비율이 상승했다. 4차 산업혁명이 진행되면서 중후장대형 전통산

[2] 정민수 외, 「지역 간 인구 이동과 지역 경제」, 한국은행, 2023. 11.2.

업 지역의 고용 창출이 둔화하고 일자리가 더욱 수도권으로 집중하는 경향이 나타나고 있다. 그런데 혼인 등에 의한 가구 분할과 기타 요인에 의한 추가 주택 수요는 향후 10년간은 매년 20~30만 채에 달하는 것으로 예측된다.[3] 집은 민간이 주도하는 한 주택시장 침체기에는 분양에 의한 공급이 급감해서 꾸준히 주택이 공급될 수 있을지 확신하기 힘들다.

본격적인 인구 감소는 1차 베이비붐 세대(1955~1964년생)의 사망이 본격화하는 2030년대 중반은 되어야 시작된다. 당분간 젊은 층이 선호하는 도시 중심부에 소형의 고층, 고밀도 공공임대주택을 공급하는 등 공공 주도로 문제에 대응하면서 10년 정도 지나면 인구 감소가 본격화함에 따라 주택 수급상의 문제가 많이 개선될 것이다.[4] 또한 정부의 지방 살리기 예산을

[3] 조원희 외, 『국민연금기금의 공공임대주택 투자 타당성 연구』, 서울주택도시공사·한국사회경제학회(2017).
[4] 조원희 외, 앞의 글의 분석에 따르면 여러 다른 합계출산율(1.01, 1.42, 1.8 등) 시나리오와 상관없이 한국의 총 가구 수는 2030년 정점에 이를 것으로 추정된다. 한편 청년 가구 수의 정점은 2035년에 이를 것으로 추정되었다. 이는 주택수요를 늘리는 핵심 요인이 이때쯤 약화된다는 의미다.

조원희

고르게 나누어 주는 방식을 탈피해 부산, 대구, 대전, 광주 같은 거점도시 육성 전략으로 수도권 집중을 억제해야 한다. 한국에서는 대도시 위주로 발전하다 보니 대도시와 떨어진 곳은 병원 등 편의시설이 매우 부족하다. 악순환의 결과다.

젊은 층이 주거기본권 운동 같은 정치 활동을 하고 정치 일선에 적극 나서서 자신의 문제를 의제화하고 정책적으로 대응할 필요도 있다. 누가 해결해 주기를 기다리면 안 된다. 1차 베이비붐 세대에 속하는 나를 포함해 많은 사람들의 경험에 비추어 보면 주택 등 부동산에 관한 한 인생에 두세 번은 기회가 온다. 섣불리 영끌, 코인 투자 같은 것으로 돈을 날리지 말고, 또 주택 관련 지출은 소득의 25% 이하로 제한해서 종잣돈을 마련하고, 기회가 찾아오면 자기 것으로 만들어야 한다. 지긋지긋한 집 문제에서 자유로워져야 다른 의미 있는 일을 할 수 있지 않겠는가.

집이 없어. 하지만!

지수

지수   2017년에 주거권운동단체 민달팽이유니온 상근 활동을 시작했다. 세입자 청년을 대상으로 '집구하기 AtoZ' 주거교육, '보증금튀 대응센터' 주거상담을 진행한다. 세입자의 보증금을 떼먹고, 누수와 곰팡이를 떠넘기고, 불법적인 집이라는 걸 숨겨도 아무 문제 없는 주택임대차시장을 더 이상 용인해서는 안 된다고 느낀다. 주택을 소유하지 않고도 존엄하고 평등하게 살 수 있는 사회를 꿈꾼다. 2022년 공공임대주택 공급 예산을 5조 7000억 원 삭감하겠다는 윤석열 정부에 대항하는 이들과 함께 국회 앞에서 69일간 '내놔라 공공임대' 농성을 했다. 2023년에는 전세사기 피해자들과 연대하며 '전세사기·깡통전세 문제 해결을 위한 시민사회대책위원회'를 출범, 특별법 제정에 함께했으며 현재 전세사기 특별법 개정 활동에 임하고 있다.

[주요어] #주거불평등 #모욕감 #점유안정성
[분류] 사회학 > 사회운동

"곳곳을 공유하고
공존하며 살아가는 세입자들의
머무름이 도시를 구성한다.
세입자의 머무름 없이는
현재를 말할 수 없고,
이 사회의 존속을 말할 수 없다."

"너무 뻔뻔하네. 젊은 사람이 그렇게 돈 밝히면 안 돼."

"요즘 젊은 사람들은 개념이 없어서 다짜고짜 예의 없이!"

"어디 버릇없이 딱 전화를 하고 법적 대응을 운운해?"

"법적으로 대응하겠다 뭐다, 그렇게 하는 거 갑질이야."

"노후 준비 자금은 못 건드려. 엄마 번호 뭐야!"

"앞으로는 이런 식으로 살지 마세요."

"나이 몇 살이나 먹고."

민달팽이유니온에서 활동하며 '전지적 세입자 시점'으로 주거상담과 교육을 시작한 지 7년이 흘렀다.

주거 상담을 하다 보면, 보증금을 돌려달라고 임대인에게 말했을 뿐인데 온갖 모욕을 돌려받게 된 세입자 청년들을 어렵지 않게 만난다. 세입자로 살고 있는 사람들은 쉽게 개념 없고, 예의 없고, 버릇없고, 뻔뻔한 사람으로 취급받으며 어리둥절하다가도 금세 억울해진다. 계약만료를 앞둔 세입자가 임대인에게 보증금을 반환하라고 했을 뿐이다. 이들을 모욕하는 말들은 왜 이렇게 흔할까? 대체 왜 이 모양 이 꼴일까?

부동산 가는 건 무서워

나는 13년차 세입자다. 돌이켜 보면 나의 첫 전월세 계약서는 찢어진 노트 한 장이었다. 20대 초반이었던 당시 나에게 임대인은 친모의 연락처와 재학 중인 학교, 학번을 적으라 했다. 정작 나는 임대인에 대해 아무것도 알지 못한 채였다. 심지어 내가 살 집조차 3분 정도 둘러본 게 전부였다. 무엇이 문제인지 몰랐다. 훗날 갑작스러운 퇴거 위기를 마주하고서야 무언가 이상하다고 느꼈다. 임대인으로부터 월세를 두 배 가까이 인상할 것이니 이에 응하지 않을 것이라면 나가야 한다는

지수

갑작스러운 통보 앞에서 내가 할 수 있는 건 없었다. 그동안 내가 나 스스로를 보호할 수 없는 집을 그저 안식처인 줄 착각하고 살고 있었다.

쫓아내면 쫓겨나야 했다. 임대인의 일방적인 퇴거 통보를 어쩔 수 없다고 받아들이는 것만이 허락된 몫이었다. '그러게 계약하기 전에 잘 알아봤어야지'라며 위기에 놓인 나를 탓하는 말이 흔했다. 당장 살 곳을 구해야 했다. 급하게 인근의 고시원을 찾아가 월세를 물었다. 창문 없는 방은 창문 있는 방보다 5만 원이 저렴하다는 걸 알게 되었다. 심지어 그 고시원은 불법건축물[1]이었고 방 한가운데에 철근 기둥이 하나 있었다. 공간을 소개한 사람은 이곳이 불법건축물이라고 알려주지 않았다. 오히려 인테리어에 활용하기 좋다면서, 이전에 살던 여학생은 이 벽에 액자를 걸어서 예쁘게 꾸미고 살았다는 팁을 건넸다. 더 알아보는 것도, 다른 집을 보여 달라 말하는 것도 어려웠다. 그때 나는 무서웠을 것이다. 무엇을 어떻게 해야 하는지, 내가 왜 이런

[1] 건축물용도를 위반한 건물로 사무실, 음식점, 주차장, 사무소, 당구장 등을 불법으로 용도 변경하거나 무단 증축하여 주거용 임대 행위를 하는 경우 불법건축물 단속 대상이 된다.

처지에 놓였는지 막막하고 어려웠기에 겁부터 났을 것이다. 우연히 만난 민달팽이 활동가가 긴급 주거 지원을 연계해 주지 않았다면 나는 아마 그 방을 선택하거나, 헐레벌떡 떠나온 원가족의 집으로 다시 돌아가야 했을 테다.

그때로부터 꽤 긴 시간이 흘렀다. 지금 나에게는 융통 가능한 보증금이 있고, 주어진 여건에서 더 좋은 집과 나쁜 집을 선별할 수 있는 기준도 있다. "주거권 보장 지금 당장!"을 외치는 단체의 활동가이기도 하다. 그러나 나는 여전히 세입자이기에 부동산 가는 일은 매번 떨린다. 이상한 일이다. 떡볶이를 먹고 싶을 때 떡볶이집에 가는 건 무서울 게 하나 없는 일인데, 집이 필요한 사람들은 왜 부동산 가기를 두려워해야 할까.

집 구하는 법 배우기

첫 독립을 할 때 어떻게 집을 구하고 계약해야 하는지를 비롯해 세입자에게 어떤 권리가 있는지, 나아가 내가 국가로부터 보장받아야 할 주거권이라는 게 무엇인지 알려 주는 곳은 흔하지 않다. 후일에 보증금을 떼이는 등 문제가 발생했을 때에도 많은 이들은 '세상 배우는 값'으로 여기라고 말한다. 모른 채 당하기 쉽다.

지난 1년 동안 민달팽이유니온 상근활동가 두 명과 함께 104회에 걸쳐 '집구하기 AtoZ' 주거교육을 진행했다. 집이 필요하지만 무작정 부동산을 찾아가기 두려운 세입자들 이삼천여 명을 만난 셈이다. 내가 주거교육에 임하는 자세는 용기 북돋기다. '젊은 사람이 뭘 모르나 본데 원래 그래' 같은 말에 기죽지 말자고 전하며 세입자 권리를 알린다. 전세사기와 깡통전세(담보대출과 전세 보증금이 매매가를 웃도는 집)를 피하기 위한 체크리스트, 불법건축물을 미리 감지할 수 있는 꿀팁, 보증금 미반환 등 임대인과의 분쟁이 생기게 될 때 대응법 등을 전한다.

물론 알고 난 뒤에도 별다른 방도가 없는 경우가 허다한데, 세입자 권리 보호 제도 자체가 부족할 때 그런 일이 생긴다. 주거상담으로 만난 한 세입자는 임대인이 보증금을 돌려주지 않아서 새 집 계약금 전액을 한순간에 위약금으로 날려 버렸다. 또 다른 세입자는 임대인이 보증금을 떼먹은 채 주택 관리도 제때 해 주지 않아서, 여름 내내 비 새는 거실에 양동이를 두고 천장에서 떨어지는 물을 매일같이 받아 냈다.

세입자를 위축시키는 관행은 흔한데 세입자 권리를 보호하는 제도는 미약하다 보니 세입자들이 계약을 앞두고 임대인에게 묻지 못하는 것이 참으로 많다. 주거상담을 하다 보면, 공인중개사 또는 중개보조원에게 세입자들이 임대인에 대한 설명으로 듣는 정보는 빈약하기 짝이 없다. 공인중개사에게는 법적으로 중개대상물확인설명서를 교부할 의무가 있긴 하지만 현장에서는 큰 쓸모가 없다. 사실 이런 서류는 형식적인 것일 뿐이라고 대놓고 말하는 공인중개사를 만나기도 한다. 그나마 읽어 주기라도 하면 다행이다. 2022년에 '보증금먹튀 대응 센터'를 운영하며 알게 된 한 세입자는 중개대상물확인설명서라는 서류가 있는지도 모른 채 살고 있었다. 주거상담을 하면서 그 서류에 "경매를 통해 보증금을 전액 또는 일부 반환받지 못할 수 있음"이라는 내용이 적혀 있다는 사실을 뒤늦게 알았다. 경매 넘어가면 한 푼도 돌려받지 못하는 깡통주택이며, 심지어 불법건축물이라는 사실도 그제야 알게 됐다.

세입자는 임대인에 대한 설명이랍시고 '롤스로이스를 탄다', '주택이 500채가 있다', '강남에 산다', '관악산에 위치한 대학교 교수다', '성형외과 의사다' 따위의 말을 듣는 일이 흔하다. 이런 말들에 기대 무지막지한 보증금을 넘겨주는 것이 세입자에게 허락된 역할의 전부나 다름없다. 세입자는 집을 들고 도망갈 수 없지만, 임대인은 보증금을 돌려주지 않은 채 잠적하거나 가짜임대인 신분을 내세우기도 하고, 심지어 계약전부터 고의적으로 설계된 전세사기를 치는 일도 일어난다.

보증금을 돌려받기 위하여

보증금 미반환 사건 앞에서 대체로 임대인은 뻔뻔하고, 중개사는 아무 역할을 하지 않으며, 은행은 독촉할 준비를 하고, 주변 사람들은 '세상물정 배우는 값'이라고 말을 보탠다. 이것은 질서다. 수십 년 동안 세입자의 삶을 둘러싸고 오랫동안 한국 사회가 유지해 온 질서. 법률가 자문을 받아도 막무가내로 큰소리치는 임대인을 만나는 일 또한 빈번하다. 세입자는 보증금을 언제 받을 수 있을지 알지 못한 채 홀로 모욕을 뒤집어쓰고 돌아온다.

세입자 권리 보호를 위한 제도가 부실한 상황에서 우리가 하는 주거상담 또한 때때로 굴욕적이다. 보증금 제때 안 주는 게 뭐 그렇게 대수냐며 기다리라고만 하는 임대인에게 법적 절차에 따라 대응하겠다고 강경한 의사를 표시하면, "네, 법대로 하세요."라거나 "순리대로 되겠지요." "그렇게 하면 세입자만 손해예요."라는 답변이 돌아온다. 그 와중에도 할 수 있는 것들을 찾는다. 기본적인 법적 절차를 안내하고, 세입자의 처지를 충분히 이해하고 존중하는 법률가를 연결하고, 변호사 간 입장이 상이한 사안은 상호 비교하며 보다 적합한 방침을 함께 세우고, '관행'을 내세우는 상대에 대응해야 하는 건에는 현장에 동행한다. 그렇게 세입자 청년의 보증금을 함께 돌려받는다. 미반환 보증금은 돌려받을 때까지의 지난한 여정을 어떻게 헤쳐 나갈지 함께 궁리한다.

2022년 전세사기 피해를 입은 두 청년과 현안 대응을 하던 어느 여름날이었다. '줌마네'에서 여성 작업자들과 집에 관한 전시를 준비하면서 나는 청년 세입자를 만난 경험, 세입자로 살며 느끼는 감상을 인스타툰으로 그렸다. 수개월에 걸쳐 준비한 전시회가 열렸다. 함께했던 한 사람이 보이지 않았다. 주변으로부터 전세사기 계약을 한 것 같다는 말을 전해 들었다.

그렇게 30대의 두 여성을 만났다. 이들이 당한 전세사기는 우선 건축주가 분양대행사에게 의뢰하고, 이들이 연계한 공인중개사-중개보조원이 대출이자 지원이라는 미끼를 던져 세입자들을 낚아 오면 이에 대한 리베이트(수수료)를 받게 되는 수법으로, 추후 보증금 반환 능력이 없는 바지임대인에게 명의를 넘기고 달아나는 전형적인 전세사기 유형이었다. 일당들은 뻔뻔했다. "돈이 없으면 빌어야지."라는 말을 서슴지 않았다. 두 세입자와 나에게 "젊은 사람들"이 "정 없이" "법적 절차 운운하며" 대든다고 훈계 두기 바빴다. 변호사 자문과 부동산 전문가의 조언은 오랫동안 쌓인 관행의 힘과 이미 수많은 전세사기 계약을 성공시킨 경험자들의 기세에 짓눌렸다. 아수라장 어디에도 우리를 보호하는 제도는 없었다. 후일에 세입자 청년들은 그 자리에 함께했던 나와 동료가 '쉽게 입을 다물지 않는' 역할을 해 줬다고 말했는데, 실제로 그랬다. 기나긴 다툼 끝에 돈을 돌려받았다. 그러나 여전히 피해 세입자들의 일상 깊숙이 흔적을 남긴 채다. 어쩌다 만나게 되면 이

때를 반추하며 우리는 여전히 전세사기에서 '탈출'하지 못했다는 말을 주고받는다.

　전세사기와 깡통전세 문제는 일부 사기꾼의 악행이 아니라, 수십 년 동안 임대인에게 보증금을 떼인 세입자들의 고통을 방치해 온 결과다. 한국 사회가 방치한 주택임대차 관련 제도적 결함으로 인해 발생한 사회적 재난이다. 2023년 나와 동료들은 전세사기 깡통전세 문제 해결을 위해 온 힘을 다해 피해자들과 연대하고 시민사회를 연결했다. 그렇게 「전세사기피해자 지원 및 주거안정에 관한 특별법」을 제정했고, 깡통전세 근절을 위한 법안을 발의했다. 하지만 세입자들에게 피부로 와 닿는 변화는 몹시 더디다.

세입자 세대의 주거권

보증금을 제때 돌려받지 못할 수 있다는 사실은 그 자체로 모욕적이다. 내가 내 삶을 주도적으로 계획할 수 없을지도 모른다는 불안을 조성한다. 항의하는 과정에서 모욕적인 언사를 받고 수치심, 공포와 무력감, 때로는 자책감을 느낀다. 세입자가 어떤 모멸감을 견디는 동안 집이 누군가의 명예이자 지위, 권력의 증거가 되는 장면이 완성된다. 한국 사회는 주택을 소유해야만 지역의 질서에 개입할 권한을 부여하듯 군다. 소유권 중심의 사회 질서에서 세입자들은 월세-전세-자가로 이어지는 주거 사다리의 경로에 위치한 미완의 존재로 취급된다. 집을 소유하지 않아도 존엄하게 살고, 머물거나 떠날 수 있는 세상은 정말 불가능할까?

제너레이션 렌트(generation rent)[2]라는 말이 있다. 평생 세입자로 살아가게 되는 세대를 가리키는 말이다. 이 땅에 머무는 이들 10명 중 4명은 세입자다. 이들은 소유하지 않았으나 점유한 공간에서 잠을 자고 밥을 먹고 쉰다. 다양한 공간에서 서로의 노동과 돌봄을 주고받으며 관계 맺는다. 곳곳을 공유하고 공존하며 살아가는 세입자들의 머무름이 도시를 구성한다. 세입자의 머무름 없이는 현재를 말할 수 없고, 이 사회의 존속을 말할 수 없다.

2022년에 120명의 청년들에게 집을 소유하고 싶다면 이유가 무엇인지에 대해 물은 적이 있다.[3] 응답

[2] KBS, 「월세에 갇힌 꿈⋯ 청년, 집을 포기하다」(2023. 6. 11.).
[3] 민달팽이유니온, 「민달팽이유니온 청년 주거 문제 분석 및 정책 제

자는 1순위로 '정주할 권리'에 대한 욕구를 말했고, 2순위로는 '임대인이 없다는 점' 때문이라고 답했다. 세입자로 살고 싶지 않은 이유란 사실 정주하고 싶은 마음, 임대인에게 휘둘리지 않는 삶을 살고 싶다는 욕망과 같은 궤에 있는 것이다.

주거권이란 멀쩡한 집과 부담 가능한 주거비, 생존의 권리가 모든 사람들에게 보장되어야 한다는 사회권이다. 1976년 제1차 세계주거회의 UN 해비타트 「인간 정주에 관한 벤쿠버선언」과 1990년 유엔 경제적, 사회적 및 문화적 권리위원회 결의안 「적정 주거의 권리에 관한 일반 논평 4」에서는 적정한 주거의 7가지 구성 요소를 제시하고 있다. 여기에서 공통으로 언급되는 '점유 안정성'이란 "점유 형태와 상관없이 모든 사람이 강제 퇴거의 위협 및 괴롭힘, 기타 위협들로부터 법적인 보호를 보장받는 것"[4]을 의미한다. "주거 자체의 중요성을 고려해 현재의 주거 상태를 우선적으로 존중하는 것"이 기본적인 요소라고 명시한 것이다.

안 결과보고서」(2022).
[4] 김선미, 「주거복지, 주거권 그리고 주거빈곤의 실태」(내만복학교 발표 자료, 2015).

우리가 만든다

역대 정부는 매년 40~50만 호의 주택을 공급했다. 하지만 자가점유율은 수십 년간 60%를 넘지 못하고, 장기공공임대주택은 전체 주택의 6%가 채 되지 않는다. 반면 다주택자가 소유하는 주택의 비중이 날이 갈수록 급증하며 세입자들에게 전가된 부채의 규모 또한 빠르게 치솟고 있다. 1990년대 초에는 치솟는 전월세가격에 삶을 비관한 수십 명의 세입자들이, 2023년에는 전세사기 피해에 대한 정부의 소극적 대책을 비관한 세입자들이 생을 마감했다. 나는 더 이상 세입자들의 삶이 죽음에 이르지 않도록 하기 위한 연대와 싸움을 함께 하고 싶다. 1987년 상계동 173번지 주민들은 88올림픽을 위해 개발을 강행하는 공권력의 폭력적 철거에 대항하며 주거권을 외쳤던 것처럼, 도시에 대한 권리는 우리가 직접 만든다.

누구에게나 집이 필요하다. 집은 기후위기 재난으로부터 서로의 안전을 확보하기 위한 최소한의 공간이자, 친밀한 관계를 맺은 이들이 돌봄을 주고받는 공간이다. 보증금 따위 제때 안 주는 일이야 어쩔 수 없다며 용인되는 사실만으로도 사회 전체가 손상입게 되는 존엄에 관한 이야기를 나누고 싶다. 그리하여 세입자로 사는 이들을 모욕하지 않는 사회에서 마침내 함께 살아가자고 말하고 싶다.

쪽방의
장례식

이재임

이재임 2019년부터 반빈곤운동단체 빈곤사회연대에서 활동하고 있다. 노점상, 철거민, 홈리스 등 길 위에서 투쟁하는 이들과 함께 목소리 내고 있다. 남대문로 5가 쪽방촌 재개발로 흩어질 위기에 놓인 주민들의 이야기를 담은 『힐튼 호텔 옆 쪽방촌 이야기』, 여성홈리스 구술 기록집 『그여자가방에들어가신다』를 함께 썼다.

[주요어] #쪽방촌 #재개발 #세입자
[분류] 사회학 > 주거빈곤 연구

"나는 임대주택이 지어져
쪽방을 모두 떠나는 날
쪽방의 장례식을 치르는 상상을 했다.
이웃의 부고가 아니라
낡고 열악한 집의 부고를 알리는 모습을,
더 이상 방에서 죽어 간 이웃의 부고를
듣지 않아도 될 미래를 그렸다."

한 지붕 아래 이웃이 여럿이었다. 외할머니 집은 여인숙이었다. 할머니가 사는 방 한 칸에 손님들이 묵는 방은 대여섯쯤 됐다. 아직도 재래식 화장실에, 할머니와 손님들은 같은 세면장을 썼다. 대개는 빈방이었다. 한 달 몇만 원의 방값은 2000년대 강원도 태백에서도 많은 돈은 아니었다.

"이거 아니면 난 길바닥에 나앉았어."라는 외할머니의 말버릇은 의미심장했다. 그건 여인숙에 사는 사람들에게도 마찬가지였기 때문이다.

옷을 홀렁 벗고 손님을 받던 여자, 쥐 죽은 듯 기척이 없다가 소주병을 수십 개씩 내놓는 남자도 있었다. 외할머니는 그 사람들 방에 들어가 잔소리를 일장

늘어놓았다. 수급날이 지나도 방세를 내지 않아 아쉬운 소리를 하면 "나도 사람인데 한마디 하겠습니다."라며 할머니의 방으로 성큼성큼 들어오는 남자도 있었다. 우리는 가족이라기도 식구라기도 애매한, 서로의 일상에 간섭할 수밖에 없는 이웃들이었다. 원하든 원치 않든 함께 살았다. 모두 집이 필요했기에.

2023년 서울에서 이웃의 의미는 희미하게 느껴진다. 문 앞에 쌓인 택배 상자로, 드나드는 문소리로 서로의 흔적을 느낄 뿐 영 낯선 존재이기도 하다. 그런 서울에도 이웃들의 안녕을 묻는 동네가 있다.

동자동 주민 김정호

반빈곤 활동가인 나는 사무실 근처에 자리한 서울 용산구 동자동의 쪽방촌을 자주 드나든다. 서울역 맞은편, 빌딩숲에 가려진 여인숙과 여관, 간판 없는 낡은 건물에는 1000여 명의 주민이 살고 있다. 동자동 언덕배기에 있는 새꿈어린이공원에서 떼굴떼굴 구르면 서울역이라는 우스개가 있을 정도로 역 인근의 노숙과 종이 한 장 차이인 동네다. 주민 중에는 과거 거리 노숙을 했던 사람도 많고 방세 낼 돈이 없어지면 별 도리 없이 다시 노숙을 하는 경우도 적지 않다. 이곳은 거리 홈리스가 일세를 내고 단 며칠이라도 추위를 피할 수 있는 공간이자, 보증금을 마련할 수 없는 이들이 머무는 공간이다. 그러면서 여름에는 방보다 길바닥이 차라리 시원하고 겨울에는 길인지 집인지 구분이 안 되게 뼈가 시린 곳이다. 얇은 합판 벽으로 건너오는 기침소리, 아침마다 줄을 서야 하는 화장실, 낡고 오래된 건물 탓에 주민들은 서로 얽힐 수밖에 없는 일상을 보내고 있다.

주민들에게 동자동에 들어오게 된 이유를 슬쩍 물어보면 IMF 이야기가 튀어나왔다. 다니던 공장이 문을 닫아서, 사업이 실패해서, 가족이 뿔뿔이 흩어져서.[1] 보다 더 먼 과거, 1970~1980년대 시골에서 상경하는 행렬에 동참한 이들도 있었다. 수많은 집을 지으며 지금의 도시를 만들었지만 정작 내 집은 없는 사람들, 일하는 식당에서 잠을 자다 쪽방을 구했다는 사람

[1] 동자동 주민들의 평균 거주 기간은 12.8년이다. 정택진은 동자동 주민들이 1990년대 후반 IMF 외환위기 이후 한국 사회의 구조적 변화가 일어난 2003년 무렵부터 쪽방촌에서 생활하기 시작했다고 분석한다. 정택진, 『쪽방촌의 어제와 오늘』(빨간소금, 2021), 25쪽.

들, 서울 곳곳의 저렴한 집들을 떠돌다 개발로 밀려나 정착한 곳이 동자동이라는 사람들의 이야기를 들었다. 그만큼 켜켜이 가난이 쌓인 곳이 바로 동자동 쪽방촌이었다. 이곳에서 김정호는 11년을 살았다.[2]

김정호는 1960년 통영에서 태어났다. 걸음마를 하면서 일을 시작할 만큼 가난한 집이었다. 초등학교에 입학했지만 학교는 다니지 않았다. 시금치, 마늘, 상추를 캐다가 매일 먼 산길을 걸어 팔러 다녔다. 바다가 집이었던 적도 있다. 14살 처음 배에 올라 30년 가까이 통통배, 대구리 배, 원양트롤리, 폐기물 운반선을 탔다. 상당한 돈을 손에 쥐었다. 김정호에겐 사랑하는 여자가 있었고, 함께 살 집을 그리며 몇 년에 걸쳐 그에게 돈을 보냈다. 부푼 기대를 안고 육지에 돌아왔지만 여자에게는 돈이 하나도 없었다. 김정호는 뱃생활을 그만두고부터 급격히 몸이 나빠졌다. 특히 심장 때문에 일 다운 일을 할 수 없었다. 박스와 폐지를 줍는 동안 폐결핵이 그의 몸으로 들어왔다. 천안과 서울역에서 노숙 생활을 하다 2012년 동자동 쪽방촌에 닿았다.

[2] 『2017 홈리스 생애기록집』

이재임

솔직히 건물주들은 수도꼭지 하나 못 갈아요. 이런 것도 오래 사용하다 보면 마모돼서 교체를 해 줘야 되는 거예요. 그리고 전기도 오래 쓰다 보면 켜고 끄고 하는 게 망가져요. 건물주들은 고쳐 줄 생각도 안 해요.

월세는 25만 원 남짓. 그나마도 매년 꼬박꼬박 올랐다. 열댓 명이 함께 쓰는 화장실은 툭하면 고장 났다. 집주인이 고쳐 줄 리 만무했다. 김정호는 모두가 함께 쓰는 집을 손봤다. 한 평 쪽방은 밥솥이며 부르스타며 꼭 필요한 살림살이만 추려도 '쪼글트려 자야' 할 정도로 좁았다. 이웃들의 방에 선반을 달아 줬다. 조금이라도 발 뻗고 잘 수 있도록.

김정호가 처음부터 맘씨 따뜻한 동네 아저씨였던 건 아니다. 동자동 쪽방촌에는 명절마다 정치권이며 종교계의 봉사활동이 끊이지 않았다. 도움받는 처지로만 남는 게 그리 마음 편한 일은 아니었을 것이다. 내가 사는 동네를 직접 가꾸는 마을 청소는 그래서 주민들의 자부심이었다. 주민들은 고물을 팔고 박스를 주워 모은 출자금으로 주민협동조합도 꾸렸다. 은행을 이용하기 어려운 주민들을 위해 대출 사업을 운영했다. 부엌 설비가 없는 쪽방촌 한 켠에 마을 부엌을 만들어 함께 요리하고, 1000원짜리 점심을 나눠 먹었다. 김정호는 2014년부터 사랑방마을주민협동회와 동자동 사랑방에서 활동하기 시작했다.

표류하는 공공개발과 주민들의 죽음

낡고 오래된 곳이다 보니 개발이 된다, 만다 소리가 반복됐다. 개발 소식은 쪽방 주민에게 반가운 일은 아니었다. 개발과 함께 쫓겨나는 것은 예삿일이었다. 내가 처음 동자동을 방문했던 2019년에도 이미 한차례 개발로 높은 빌딩이 들어서 있었다. 2008년 동자 4구역 재개발 당시 고시원 두 개를 포함해 100여 개 쪽방이 철거됐다. 고시원에 살던 이들에게 고시원 주인이 건넨 이주비는 3만 원, 5만 원 남짓이었다. 고시원은 주거용 공간으로 인정되지 않으니 '도의적 차원'에서 건넨 돈이었다.

개발이 끝난 후 쪽방과 고시원이 있던 자리에는

통유리로 된 번쩍번쩍한 주상복합 건물이 들어섰다. 이 건물을 시작으로 동자동은 젠트리피케이션을 앓았다. 주변 지가가 올라가고, 임대료가 상승하고, 쪽방이 하나둘 게스트하우스가 되며 주민 대신 여행객이 드나들었다. 세상은 쪽방 주민이 어디로 갔는지 묻지 않았다. "건물주가 주인인데 쪽방 사람들이 주민 행세한다."라며 낮잡아 보는 사람들도 있었다.

김정호는 그런 개발의 관행을 당연하다 여기지 않았다. 동자동에서 집을 관리하고 사람들의 삶과 죽음을 돌보는 것은 집을 소유한 이들이 아니라 거기에 살고 있는 주민들이다. 언젠가 김정호는 울분을 토하며 이렇게 말했다.

외롭게 쓸쓸하게 방에서 돌아가시는 분도 있어요. 시간이 지나 부패되면 벌레 같은 것도 기어 나오고 합니다. 그러면 건물주들은 뭐라 하는 줄 압니까. 방 놔야 하니까 방 청소해 달라 해요, 우리한테. 우리는 청소 해 줍니다. 그러면 방세 내래요. 우리는 방세 내 줍니다.

2021년 2월 국토교통부·서울시·용산구는 동자동 쪽방촌 주거 환경 개선을 위한 동자동 공공주택사업을 발표했다. 민간에서는 쪽방 주민을 공공임대주택에 입주시키는 주택 개발사업을 수행할 수 없다고 보았기 때문이다. 정부가 직접 나서 쪽방 주민의 입주를 보장하면서도 도심의 낙후 지역을 개발하는 내용이었다.

주민들은 환영했다. 그간 먼 곳의 임대주택으로 뿔뿔이 흩어졌다 고립을 견디지 못하고 다시 쪽방촌으로 되돌아오는 주민들이 적지 않았다. 집은 좋아졌어도 삶이 좋아진 것은 아니었다. 섬처럼 떨어진 사람들은 다시 서로를 찾아 쪽방촌으로 돌아왔다. 물론 쪽방촌은 성질 더러운 이들의 고함 소리와 싸움이 지겹도록 일상인 곳이었다. 가난하든 그렇지 않든 여러 집들이 그렇듯이.

개발 이익을 노리는 건물과 토지 소유주들은 공공개발에 반대했다. 이들은 공공임대주택을 적게 지어 이익을 독식할 수 있는 민간개발을 주장했다. 쪽방촌 건물주의 70퍼센트가량은 쪽방촌이 아닌 곳에 살았으며 강남에 거주하는 부유층도 적지 않았다. 집주인들은 자신들 소유의 건물마다 빨간 깃발을 내걸었다. 골

이재임

목이 흉흉해졌다. 국토부는 지구 지정을 지체하면서까지 민간개발 측의 안을 받았지만 공공임대주택 확보 계획이 미흡했으므로 재차 반려당했다.

세를 놓는 사람들은 막대한 개발 이익을 손꼽으며 쪽방 월세가 더 이상 아쉽지 않았다. 이깟 쪽방 월세, 차라리 받지 말자. 개발 이익을 극대화하기 위해 세입자를 모두 내보내자며 선동하는 이도 있었다. 양도세, 취득세, 종부세처럼 집 부자와 다주택자를 위한 세금 감면은 발 빠르게 추진되는 나라이지만 취약 주거 종합 대책 마련은 나오지 않았고, 2023년 공공임대주택 예산은 5조 7천억 원 삭감되었다.[3] 이런 상황에서 김정호는 같은 세입자 처지인 주민들을 독려했다.

솔직히 한 건물에 사는 반대하는 사람도 있었어요. '이게 되겠냐.' '건물주들한테 이기겠냐.' 이러는 사람도 있더라고요. '우리도 그런 집에 가서 살게 될까? 진짜 살게 될까?' 꿈같은 이야기라 하길래 '그렇게

[3] 감액된 예산 5조 7천억 원 중 6630억 원만이 새해 예산안에 반영 됐다. 「윤 정부 삭감한 5.7조원 규모 공공임대 예산, 6600억원만 '찔끔' 부활」, 《경향신문》, 2022년 12월 24일.

하기 위해선 마음을 모아야 합니다. 힘을 보태 주십시오.' 이야기해요. 설득이라기보단 있는 그대로 이야기니까요.

공공주택사업 발표는 어느 한순간 선물처럼 찾아온 일이 아니었다. 주민들이 쫓겨나면서도 줄기차게 요구했던 결과였다. 동자동 주민들은 건물주와도, 요지부동인 국토부와도 끈질기게 싸웠다. 그러나 항상 투사일 수는 없었다. "세입자로 살아가면서 사실 건물주한테 조심도 해요. 뻣뻣하게 항의할 거 다 하고 충돌하고 하면 우리도 살아가기가 막막하거든요."

국토부는 2021년 지구 지정 완료, 2026년 입주를 목표로 개발을 추진하겠다고 했으나 계획 발표 3년이 된 2024년 현재 지구 지정조차 되지 않았다. 표류하는 시간은 잔인했다. 주민들에게 기다림은 죽음에 가까웠다. 찌는 듯한 여름이면 쪽방촌에 하루가 멀다 하고 구급차가 왔다. 쥐와 곰팡이, 빈대와 함께 쓰는 방은 건강을 갉아먹었다. 2023년 한 해에만 서른 명이 넘는 사람이 한 마을에서 생을 마쳤다. 남아 있는 사람들은 그래서 자주 삶의 마지막을 떠올렸다. 하루를 살더라도 임

이재임

대주택에서 살다가 죽고 싶다고 말하던 김정호의 어깨는 점점 말라 갔다. 그는 2023년 6월 죽음을 맞이했다.

나와 이웃의 미래를 그리자

태백 외할머니의 여인숙에는 아들을 버리고 간 아버지도 있었다. 6학년 오빠의 아버지는 아들을 두고 하루하루 다른 일터로 나가더니 점점 여인숙에 돌아오지 않는 날이 늘었다.

'애를 버리고 아버지란 사람은 연락두절'이라며 외할머니는 길길이 화를 냈다. 엄마와 아빠는 6학년 오빠의 아버지를 찾아 강원도 산간의 한 채굴 공사장으로 갔다. 공사장 노동자들은 엄마의 물음에 난감하다는 듯 머리를 긁적였다. 꼬불꼬불한 산길을 되돌아오는 차 뒷자리에서 생각했다. 유년의 집이 모두에게 그리운 곳은 아니구나. 외할머니의 여인숙은 그곳에 머물던 이들 모두에게 비슷한 마음을 품게 했을 것이다.

6학년 오빠는 그 뒤로도 얼마간 방에 머물렀다. 그러고는 짐이랄 것도 없는 짐을 챙겨 떠날 준비를 했다. 사건이 일단락돼 후련해진 외할머니는 나와 6학년 오빠를 부엌에 앉혀 놓고 김치부침개를 부쳤다. 6학년 오빠는 묵묵히 몇 장의 전을 해치우더니 목소리를 가다듬고 한마디 꺼냈다. "한 장만 더 부쳐 주세요." 외할머니는 살찐다며 야단을 쳤다. 6학년 오빠는 두말없이 젓가락을 내려놓고 방으로 돌아갔다. 외할머니는 낄낄 웃었다. 그 모습이 너무 야속하다 생각했다.

부자는 함께 어딘가의 임대주택으로 갔다고 했다. 사정을 알게 된 채굴 현장의 동료들이 십시일반 보증금을 모아 줬다는 이야기가 들렸다. 가구 하나 없이 썰렁한 집에 들어선 동료들은 집들이 선물로 전기장판을 하나 사 주었다고 했다. 나는 비로소 조금 안심했다. 지금 생각하면 그는 고작 13살이었다. 그 곁에 이웃이 있어 다행이었다.

다시 2024년 서울, 내가 사는 동네의 골목길에는 명절마다 현수막이 붙는다. '풍요롭고 행복한 한가위 되세요. ○○건설이 추석을 맞아 조합원님께 감사의 마음을 전합니다.' 건설사 이름만 다른 현수막이 한 골목에도 몇 개씩 걸려 있다. 나한테 하는 말은 아니구나. 이 동네의 반이 넘는 사람들에게 건네는 말도 아닐 터였다. 서울은 세입자가 집주인보다 많은 도시이니 말

이재임

이다.[4] 보란 듯 펄럭이는 현수막은 아주 큰 소리로, 아주 일부의 사람에게 말을 건네고 있는 듯하다. 말없이 현수막 아래를 지나가며, 김치부침개를 입에 욱여넣고 말없이 3호실로 들어가던 소년을 떠올린다. 나는 그 뒷모습을 자존심으로 기억한다. 소유주가 꽂아 둔 빨간 깃발을 말없이 지나쳐야 했던 김정호처럼, 말하지 않지만 목소리 없는 사람이 아니라는 다짐을 했을 사람들을 떠올린다. 집도 거리도 소유한 사람들만의 것이라고 말하는 세상에 나도 살고 있다고 이야기하고 싶었을 사람들을.

돌이켜 보면 개발은 반갑지 않았다. 자주 가던 허름하고 편안한 가게가 값비싼 물건을 파는 상점으로 바뀔 때, 호기심보단 서늘한 마음이 먼저 들었다. 이사 갈 집이 재개발 지구로 묶여 있어 고민하는 나에게 "아가씨 사는 동안은 개발될 일 없으니 안심하라."라고 단언하던 부동산 사장. 내가 몇 년을 살 줄 알고? 되묻고 싶었지만 부동산 사장은 알고 있었을 것이다. 2년의 임대차 계약이 끝나면 통상 나가야 한다는 것을. 개발은

[4] 국토부, 「2022 주거실태조사」

세입자인 나에게 오른 월세를 감당하거나 이사를 가야 한다는 말과 동의어였다.

이런 현실에서 이웃의 안녕을 함께 고민해 온 사람들이 있다는 건 큰 위안이 된다. 소유주의 재산권이 주민의 주거권에 우선한다는 이 사회의 공식을 뒤엎고자 하는 사람들, '내 집' 말고 '우리 집'을 그리는 사람들. 소수의 일확천금이 아니라 나와 이웃들의 공동의 미래를 그리는 사람들이 동자동에 있다.

김정호의 장례식은 동자동의 한 교회에서 치러졌다. 동료들과 쪽방 주민들, 사회운동 단체의 활동가들이 모였다. 장례식에서 나는 임대주택이 지어져 쪽방을 모두 떠나는 날 쪽방의 장례식을 치르는 상상을 했다. 이웃의 부고가 아니라 낡고 열악한 집의 부고를 알리는 모습을, 더 이상 방에서 죽어 간 이웃의 부고를 듣지 않아도 될 미래를 그렸다. 쪽방 모양 상여를 함께 들고, 우리는 이 도시에서 말끔히 지워지지 않으리라 말하고 싶었다.

동자동 주민들은 오늘도 길 위에서 싸움을 이어 나간다. 누군가 나에게 이들과 함께 반빈곤운동을 한다는 것이 무엇이냐 물으면 친구가 되어 가는 일이라

이재임

답하고 싶다. 서로의 사정과 삶을 알게 되어 모른 체할 수 없게 되는 일, 그래서 함께 목소리 내는 일이 내게는 반빈곤운동이다. 원하든 원치 않든 함께 사는 이곳에 서 우리는 서로에게 어떤 이웃으로 기억될까. 더 많은 마주침이 이 길 위에서 펼쳐지기를 바란다.

마지막 둥지를 찾아서

김호성

김호성　　　동백 성루카 호스피스 병원 진료과장. 한양대 의과대학을 졸업한 뒤 삼성서울병원에서 핵의학 선분늬를 쉬득쌨나. 틸기 들름 흰장에 관심을 가진 뒤 호스피스 완화의료 영역에서 8년째 말기 암 환자를 진료하고 있다. 2021년 시사인 '죽음의 미래' 기획을 바탕으로 『죽는 게 참 어렵습니다』를 함께 썼다. 말기 환자의 삶의 질 향상을 위해 사회적 제도와 돌봄 체계를 개선하려고 노력 중이다.

[주요어] #호스피스 #말기암 #귀소
[분류] 보건의료 > 말기돌봄 연구

"환자는 본인의 침대에서
편안하게 임종했다.
그녀는 자신의 공간에서 온전히
본인의 모습을 지킬 수 있었다.
아직 온기가 남은 환자의 몸을
가족들이 번갈아 가며 안아 주었다."

내가 일하는 호스피스 병원 정원 나무에는 조그마한 새 모이 상자가 걸려 있다. 기다란 원기둥 모양의 상자에 견과나 곡물을 넣으면 기둥 중간에 뚫린 구멍으로 모이가 조금씩 삐져나와 새들이 쪼아 먹을 수 있다. 겨울철이면 상자는 모이로 가득 찬다. 추운 겨울 먹이를 구하기 어려운 새들에게는 반가운 선물이다. 먹이가 차면 며칠 지나지 않아 병원 뒷산에 소문이 퍼져 박새, 직박구리, 곤줄박이, 딱새들이 날아온다. 정원에 산책을 나온 환자들이 어떤 새들이 왔나 들여다보는 일도 잦아진다.

　얼마 전 입원한 젊은 환자는 상자를 찾는 새들이 어떤 종류인지, 왜 오는지 궁금해했다. 나는 그날 정원에서 본 새 종류를 알려 주고 어떤 먹이를 주는지 그리고 계절에 따라 새 모이 상자에 오는 새의 종류가 어떻게 달라지는지를 덧붙였다. 한곳에 터를 잡고 사는 텃새는 평소에는 자기 영역에서 먹이를 구하지만 추운 계절에는 그 영역을 벗어나기도 한다. 한참 고개를 끄덕이며 듣던 환자가 자신도 그 새들과 같은 처지라며 애써 웃음 지었다.

어느 말기 환자의 이야기

이 환자는 수년 전 서울 어느 대형병원에서 4기 암[1] 진단을 받았다. 암 판정을 받자마자 여러 검사를 거쳐 항암치료를 시작했다. 경과를 관찰하기 위한 외래 씨티(CT) 검사 결과에서 암은 항상 이전보다 더 커져 있었다. 세포독성 항암제, 표적치료제, 면역항암제까지 모든 방법을 다 써 보았지만 소용이 없었다.

그는 희망을 놓지 않은 채 임상실험을 통한 새로운 치료를 기대하며 대형병원 외래를 찾았다. 그러나

---

[1] 4기 암이란 암이 원발 부위를 넘어 다른 장기로 전이된 상태를 말한다.

담당 주치의는 항암치료를 중단하고 호스피스 완화의료를 받을 것을 권고했다. 황당했다. 지금까지 무엇을 바라고 그 어려운 항암치료를 받았던가. 의료진과 스스로에 대한 분노가 일었다. 동시에 앞으로의 삶에 대한 두려움이 밀려왔다. 4기 암환자에서 더 이상 원인 치료를 하기 힘든 말기 환자가 된 데서 온 두려움이다.

이후의 치료가 큰 의미가 없다는 의사의 말과 말기 환자라는 표현은 암 환자에게 크나큰 절망으로 다가온다. 그런데 말기란 의학적 권위에 의해 수동적으로 그리고 즉각적으로 규정되는 개념이 아니다. 오히려 의사와 환자, 보호자가 참여하는 관계 안에서 능동적으로 만들어져 서서히 활성화되는 잠정적 판단이다.[2] 즉 의사, 환자, 보호자 중 한 구성원이라도 말기를 인정하지 않으면 말기가 왔다고 말할 수 없다. 그도 말기를 인정하는 대신 대체 치료를 하는 암 요양병원을 찾았다. 대체 치료의 효험을 기대했다기보다 대학병원 의사의 말기고지를 잊게 해 주는 희망 섞인 이야

[2] 강지연, 「활성화되는 시간 '말기'와 말기돌봄의 시간성: 서울 한 상급종합병동 말기암 병동의 사례를 중심으로」, 《한국문화인류학》 54(2) (2021).

기가 절실했다. 하지만 고가의 치료비, 점점 심해지는 통증 그리고 기력저하로 병원에 머물기 어려워지면서 혼자 사는 집으로 돌아올 수밖에 없었다.

집에 돌아온 후의 생활은 더 쉽지 않았다. 체력이 현저히 떨어져 조금만 걸어도 어지럽고 숨이 찼다. 낮에는 끼니를 챙겨 먹어야 했고, 화장실까지 가는 데도 도움이 필요했지만 곁을 지켜 줄 사람이 없었다. 밤에는 극심한 통증으로 불면에 시달렸다. 20대의 삶을 꾸려 왔던 나만의 공간은 고통의 장소가 되었다. 어렸을 적부터 가족관계가 썩 좋지 않았던 그는 병이 깊어 가면서 내심 가족이 도움의 손길을 주길 바랐다. 그 바람이 충분히 채워지지 않자 혈육과의 사이는 이전보다 악화되었다.

고립되어 고통스러운 하루하루를 보내던 환자는 자신이 정말 '말기'임을 받아들일 수밖에 없었다. 모든 것이 의미가 없어졌고, 언론에서 이야기하는 스위스의 안락사만이 유일한 삶의 탈출구로 보였다.

김호성

혼자의 고통을 함께 나누기

이 젊은 환자가 입원하던 날이 기억난다. 손을 내밀어 인사를 청했지만 그는 얼굴을 찡그린 채 복부를 쓰다듬을 뿐 답하지 않았다. 그러면서 힘없는 목소리로 본인은 호스피스에 죽으러 왔다고 했다. 스위스처럼 안락사하지 못할 것은 알고 있으나 호스피스에 오면 곧 죽는 것이니, 이왕이면 고통 없이 빨리 죽기를 원한다고 했다.

호스피스 병원에 온 말기 환자에게 남은 것은 죽음뿐일까? 많은 사람의 오해와 달리 호스피스는 환자의 일상을 최대한 회복시켜 삶의 질을 올리기 위해 설립되었다. 이를 위해 호스피스에는 의사, 간호사, 사회복지사, 종교인, 자원봉사자 등이 '다학제팀'이라는 이름으로 팀을 꾸려 일한다. 다학제팀은 환자, 보호자와 함께 환자의 육체적 통증뿐 아니라 심리적, 사회적, 실존적 고민을 다룬다.[3]

[3]   D. Clark, "'Total pain', disciplinary power and the body in the work of Cicely Saunders, 1958~1967," *Soc Sci Med*(1999), pp.727~736.

새로운 환자가 입원하면 다학제팀은 환자가 어떤 것들을 힘들어하는지 폭넓게 상의하고 적합한 조치를 하기 위한 회의를 연다. 말기 환자의 총체적 고통은 '명의'나 '명약' 같은 권위적이고 단순한 의학적 방법으로 쉽사리 해결될 수 없다. 그래서 다학제팀은 환자가 가진 고통의 원인과 종류에 맞추어 도움을 줄 수 있는 전문 인력으로 구성되어 있다. 가령 환자의 통증 등의 신체적 고통에 대한 평가와 약물 처치는 의사와 간호사가, 환자의 가족 내 갈등이나 환자의 상황에 도움이 될 만한 제도를 확인하는 등의 사회적·경제적 영역은 사회복지사가 맡는 식이다. 삶의 의미를 되짚는 실존적인 어려움에는 수녀의 도움이, 환자의 경직되고 부은 몸을 마사지하고 씻기는 일에는 자원봉사자의 손길이 뒤따랐다.

　　다학제팀의 처치로 환자의 통증이 점차 줄어들면서 그는 다른 이들과 그간의 어려움을 이야기할 정도의 여유를 되찾았다. 병원 정원의 새 모이 상자를 보며 이런저런 이야기를 나누는 그의 모습은 처음보다 한결 편안해 보였다. 시간이 더 지나 환자의 증상이 잘 조절되었을 때 우리는 그와 가정 호스피스[4]를 통해 집에

　　　　　　　　김호성

서 마지막 시간을 보낼지를 상의했다. 집으로 갈 의사가 있는지 묻는 나에게 환자는 단호하게 거절하며 이렇게 말했다. "집은 외롭고 고통스러운 곳이에요."

집에서 죽음을 맞는다면

집에 가고 싶어 하는 환자에게 이를 가능하게 하는 환경을 조성해 주는 것 또한 다학제팀의 중요한 일이다. 많은 기회가 제한된 말기 환자의 삶은 입구가 막힌 침침한 동굴 같다. 동굴 생활의 친구는 조그마한 침대와 수많은 약물 정도다. 이런 의미에서 말기 환자는 일종의 소수자 대우를 받는다. 환자 개개인의 상황이 '말기 환자'라는 집단이 가지는 특성으로 모두 환원되는 것이다.

환자는 저마다 고통의 원인이 다르고 그에 맞춤한 다학제적 개입을 요한다. 그럼에도 환자 자신이 말기

[4] 보건복지부 지정 전문 기관의 호스피스 팀이 가정에서 지내기를 원하는 말기 환자의 가정에 방문해 제공하는 서비스다. 환자의 상태 및 돌봄 상황에 따라 가정 호스피스와 입원 호스피스는 유기적으로 연계할 수 있다.

환자라는 집단의 틀에 갇히면 눈앞의 고통은 해결의 대상이 아니게 된다. 이런 소수자 경험이 '말기 환사의 삶은 힘든 것이 당연하다'는 통념으로 이어지면서 환자의 삶은 색채를 잃는다. 따라서 호스피스 다학제팀이 말하는 삶의 질의 회복이란 단순히 환자의 기억에 남을 만한 특별한 이벤트를 열어 주는 차원일 수 없다. 무채색인 투병 생활을 이어 가는 말기 환자가 이전의 일상을 최대한 회복하도록 환자 고유의 개성을 되찾는 고민이 필요하다.

생의 마지막 순간 자기의 색을 되찾는다는 것은 어떤 의미일까. 내장 깊은 곳에 암이 있는 나이 든 환자는 밤이면 섬망[5]에 시달리곤 했다. 낮의 상태는 비교적 안정적이었으나 밤이면 불편감과 환각을 겪으며 쉽게 잠들지 못했다. 말기 암 환자가 겪는 섬망 대부분은 병의 진행과 관계가 있다. 혈액 검사에 큰 문제가 없거나 진통제를 줄여도 섬망 증상은 크게 호전되지 않는다. 우려되는 마음으로 환자의 보호자와 면담을 시작했다. 섬망 증상이 그렇게 심하지 않을 때 환자는 이런

[5] 환자 의식 수준이 급격히 변화하고, 환자에게서 수면장애, 시간·장소·사람에 대한 인지 장애 등이 나타나는 의학적 증상이다.

김호성

이야기를 계속한다고 했다. "집에 너무 가고 싶어."

이튿날 아침 열린 다학제팀 회의에서 환자의 지속적인 섬망 증상과 보호자가 전한 이야기가 논의의 중심이 되었다. 입원을 유지하는 안과 퇴원 후 가정 호스피스로 전환하는 안을 두고 의견을 주고받은 뒤, 가정호스피스 팀을 통해 환자의 통증을 충분히 조절할 수 있다는 판단이 나왔다. 가정 호스피스 팀은 최종 결정에 앞서 누가, 어떻게, 얼마나 지속적으로 돌봐 줄 수 있을지 등 환자 보호자의 돌봄 상황을 확인했다. 간병은 주말에는 자녀들이 돌아가며 하고, 평일에는 상주 간병인의 도움을 받기로 했다. 간병인은 호스피스 입원 전에도 컨디션이 떨어질 때마다 환자를 돌봐주었던 연변 출신의 간병인으로 관계가 좋았다.

퇴원 후 며칠이 지나 가정 호스피스 팀이 환자의 집을 방문했다. 아담한 집 거실에는 환자의 건강했던 시절 사진이 걸려 있었다. 병원에서는 보지 못했던 생동감 있는 삶의 흔적이 고스란히 느껴졌다. 환자는 가정 호스피스 팀에서 대여해 준 가정용 산소 발생기를 코에 끼고 주로 안방 의료용 침대에서 생활했는데, 환자복이 아닌 그녀가 평소 좋아하는 옷을 입고 있었다.

기본적인 검진 후 최근 기분과 상태를 물으니 힘든 곳이 없지는 않지만 집에 오니 마음이 편하고 불안하지 않다는 답이 돌아왔다. 병원의 정해진 처치와 검사에 신경 쓰지 않고 제 의지대로 생활할 수 있어 자유롭다고도 했다. 환자는 보고 싶은 것을 보고, 만나고 싶은 사람들을 만났다. 간병인은 집에 오고 며칠 후부터 섬망 증상이 거의 없어졌다고 전했다.

보호자와 호스피스 팀은 환자의 가정 임종을 같이 계획했다. 보호자들은 내심 두려운 마음을 꺼내는 한편 환자가 사망한 후 행정적인 일을 걱정했다. 집에서 사람이 죽으면 반드시 경찰서에 신고해야 한다는 이야기를 들어 고민이 된다는 것이다. 호스피스 말기 의료는 보호자에게 환자의 증상을 조절할 수 있는 가능성을 전하는 일, 마지막까지 돌보는 의료진들이 있으면 사망진단서를 발부할 수 있어 문제가 되지 않는다고 알려 주는 일을 아우른다.

몇 주 뒤 환자는 가정 호스피스 간호사의 도움으로 본인의 침대에서 편안하게 임종했다. 그동안의 돌봄 과정은 쉽지 않았으나 그녀는 자신의 공간에서 온전히 본인의 모습을 지킬 수 있었다. 아직 온기가 남은

김호성

환자의 몸을 가족들이 번갈아 가며 안아 주었다.

집은 혼자 돌아가지 않는다

인간의 생애주기에서 말기란 적극적인 치료에도 불구하고 근원적인 회복의 가능성 없이 증상이 악화되어 수개월 이내에 사망할 가능성이 큰 시기를 의미한다. 이러한 말기에 대다수의 사람은 돌봄을 받고, 마지막을 보내고 싶어 하는 곳으로 평소 '편안하다고 생각한 장소'를 꼽는다. 한 조사에 따르면 한국인 응답자의 약 60퍼센트는 집에서 마지막을 맞이하고 싶어 한다고 답했다. 그러나 그렇지 않은 사람도 40퍼센트나 된다.[6] 집은 어떤 사람에게는 편안한 장소이지만 어떤 사람에게는 고통의 장소다. 말기 돌봄을 받는 사람의 질병의 종류, 돌봄의 사정, 경제적 상태, 주거의 형태에 따라 각기 상황이 다르기 때문이다.

생물학자 베른트 하인리히는 큰뒷부리도요, 무당벌레, 붉은바다거북 등 여러 생물을 예로 들며 귀소 본

[6] 한국보건사회연구원, 「호스피스 완화의료 활성화 방안」(2015).

능(home instinct)을 이야기한다. 그런데 동물들이 특정 시기에 특정한 장소를 향한다고 할 때 이 특정 장소가 반드시 자기가 태어난 곳을 의미하지는 않는다. 무리에서 떨어진 물고기가 무리가 모여 있는 곳으로 돌아가려 하는 것처럼 보통 그러한 장소는 물리적으로 안전하고 익숙한 환경이라 기억되는 곳, 다른 이들과의 유대가 예정된 곳이다. 즉 우리가 쉽게 이야기하는 집이란 단순한 물리적 의미를 넘어서 "과거에 대한 이해, 미래에 대한 희망과 계획이 공존하는 곳"을 말한다.[7]

이런 집으로의 회귀는 개체가 가진 기억에 근거해 단순히 반사적으로 이루어지지 않는다. 철새의 귀소에 관한 연구를 보면 철새들은 부모와 동료의 도움을 받아 돌아올 곳을 찾으며, 그렇지 못한 개체는 실패할 가능성이 크다고 한다.[8] 이때 주위의 도움은 스스로의 위치를 파악하는 데 쓰인다. 무사히 집에 돌아오려면 지표면에서 자신의 공간정위(空間定位)를 파악하는 능

[7] 베른트 하인리히, 이경아 옮김, 『귀소본능』(더숲, 2017).
[8] Byholm, P., Beal, M., Isaksson, N., Lötberg, U., & Åkesson, S., "Paternal transmission of migration knowledge in a long-distance bird migrant," *Nature communications* 13(1)(2022).

김호성

력을 넘어 시간과 장소에 따른 이동의 '타이밍'을 알아야 하기 때문이다. 이동하기 적절한 때를 파악하는 일은 혼자서 올곧이 알기보다 부모 또한 동료와의 의사소통을 통해 학습되는 것이다. 인간이 가장 편안하다고 느끼는 장소에 돌아가는 일 역시 타인의 도움이 필요하다. 환자의 기억 속 장소에 의존하기보다 환자의 현재 위치를 정확하게 파악해 언제 어디에서 어떻게 지낼지를 꾸준히 의사소통할 수 있는 존재가 중요하다.

누구와 말기 돌봄 계획을 논의할 것인가는 말기 돌봄 계획의 주체 문제와 연결된다. 이러한 주체는 호스피스 병동의 다학제팀과 같은 역할을 하는 사람으로, 반드시 의료진만 해당되지 않는다. 본인의 마지막 죽음에 대해 스스로 생각할 때에는 본인이, 가족 그리고 지인과 함께 계획할 때에는 그들이 주체가 된다. 돌봄의 물리적 상황에 따라 주체는 훨씬 다양해질 수 있다. 병원이라면 보통 담당 의사와 간호사의 도움을 받지만 지역 사회에서는 요양보호사나 왕진의사가 돌봄 계획에 함께할 것이다. 또한 그 계획은 주체의 영향에 따라 계속해서 바뀐다. 스스로 생각한 말기의 모습은 가족과 상의하거나 의료진과 이야기한 후에 조금 더 달라

질 수 있다. 예를 들어 연명 치료를 거부하는 사전연명
의료의향서를 혼자 작성한 것으로 말기 돌봄 계획은 끝
나지 않는다. 그 계획은 단순한 문서 작성이 아니라, 말
기 돌봄 주체를 정하고 소통하는 것에서부터 시작한다.

　많은 사람이 생의 끝에 자율적이고 존엄한 삶을
영위하기를 바란다. 이는 바람만큼 쉬운 일이 아니다.
말기 이전까지는 환자 스스로가 삶의 주도권을 갖지
만 그 후로는 다른 이와의 관계성 속에서 삶의 이야기
가 만들어지기 때문이다. 그리고 그 환자의 위치를 정
확하게 파악해 속도와 방향을 제시하는 이들이 있어야
환자의 마지막 이야기가 올곧게 쓰일 수 있다. 마지막
둥지는 누군가가 만들어 주는 것이다.

참고 문헌(발표순)

영이 「내 영역」

질 들뢰즈, 박기순 옮김, 『스피노자의 철학』(민음사, 2001).

할란 엘리슨, 이수현·신해경 옮김, 『나는 입이 없다 그리고 나는 비명을 질러야 한다』(아작, 2017).

Amelia Hansford, "Sarah Jane Baker prison treatment 'amounts to medical detransition'," *PinkNews*(2023. 11. 12.).

Anya Zoledziowski·Tim Marchman, "A Young Saudi Trans Woman Is Believed Dead After Being Lured From the US and Forced to Detransition," *VICE*(2023. 3. 16.).

Transgender Europe, "Trans Murder Monitoring 2023 Global Update." https://transrespect.org/en/trans-murder-monitoring-2023/

김영욱 「장자크 루소, 집 없는 아이」

장자크 루소, 플레이아드(Pléiade) 판 루소 전집(Oeuvres Completes, OC).

_____, 이용철 옮김, 『고백』(나남, 2012).

_____, 서익원 옮김, 『신 엘로이즈』(한길사, 2008).

이지선 「21세기 우주인의 귀향」

김수환, 「러시아 우주론 재방문」, 『혁명의 넝마주이』(문학과지성사, 2022).

이영준, 『우주 감각』(워크룸프레스, 2016).

한나 아렌트, 이진우 옮김, 『인간의 조건』(한길사, 2019).

전은지, 「20,000개의 우주쓰레기 후보가 지구를 돌고 있다」, 《에피》 19호(2022).

이지선, 「무한 우주에서 닫힌 세계 또는 갇힌 지상으로」, 《환경철학》 32(2021).

Gaston Bacheland, "Univers et réalité," *L'engagement rationaliste*(Paris: puf, 1972).

_____, *La poétique de l'espace*(Paris: puf, 1957).

Alfonso Cuarón, 「Gravity」(2013).

박진영 「나의 깨끗한 집 만들기」

김승섭, 『아픔이 길이 되려면』(동아시아, 2017).

노동환경건강연구소 기획, 『고통에 이름을 붙이는 사람들』(포도밭출판사, 2021).

데브라 린 데드, 제효영 옮김, 『독성프리』(윌컴퍼니, 2012).

마리아 미스·반다나 시바, 손덕수·이난아 옮김, 『에코페미니즘』(창비, 2020).

박은정, 『햇빛도 때로는 독이다』(경희대학교출판문화원, 2022).

박진영, 『재난에 맞서는 과학』(민음사, 2023).

김현우, 「누가 정의로운 전환을 두려워하랴」, 《뉴래디컬리뷰》 1(2)(도서출판b, 2021), 239~253쪽.

이덕환, 「포기할 수 없는 화학물질, 차라리 친해지자」, 《동아사이언스》,

2020년 9월 30일.

홍덕화, 「기후불평등에서 체제 전환으로: 기후정의 담론의 확장 과 전환 담론의 급진화」, 《환경사회학연구 ECO》 24(1)(2020), 7~50쪽.

유한락스 홈페이지, 「감염병을 효과적으로 예방하지만 안전한 살균소독법」, https://yuhanrox.co.kr/HealthTip/87924

화학제품관리시스템, 「안전확인대상 생활화학제품이란?」, https://chemp.me.go.kr/uss/sam/stp/guideInstitution.do

923 기후정의행진 홈페이지, 「2023 우리의 요구」, https://action4climatejustice.kr/65

Sellers, Christopher C., *Hazards of the Job: from Industrial Disease to Environmental Health Science*(The University of North Carolina Press, 1997).

Altman, Rebecca Gasior et al., "Pollution Comes Home and Gets Personal: Women's Experience of Household Chemical Exposure," *Journal of Health and Social Behavior* 49(4)(2008), pp.417~435.

육주원 「이슬람 사원 짓기」

육주원, 「다문화사회에서의 국경만들기와 갈등의 극단화: 대구 북 구 이슬람사원 건립 갈등을 중심으로」, 《경제와 사회》 제139호(2023).

김연진, 「'경험 못한 갈등' 중재자 필요하다, 대구 이슬람사원 건축 3년 공방」, 《조선일보》, 2023년 6월 11일.

김규현, 「외국서 '코리안 아웃' 나붙는다면?⋯이슬람 혐오 반대 나선 경북대」, 《한겨레》, 2023년 5월 17일.

성시호·김성진, 「초등학교 앞에 "탈레반 나가" 현수막⋯대구 이슬람사원 갈등 '진행형'」, 《머니투데이》, 2021년 9월 23일.

오은정 「후쿠시마의 주민들」

Tim Ingold, The Life of Lines(Routledge, 2015).

武藤類子, 『10年後の福島からあなたへ』(大月書店, 2021).

いいたてWING19, 『飯舘村の女性たち』(SAGA Design, 2016).

福島第一原子力発電所廃炉検討委員会,

　　　"国際基準からみた廃棄物管理,"(2020).

샤이마 카릴, 「후쿠시마 원전 오염수 방류 앞두고 알려진 사실들」,《BBC
　　　코리아》, 2023년 7월 15일.

FOE JAPAN, "[후쿠시마 기억하기 프로젝트] 간노 미즈에", https://
　　　youtu.be/nPGQ4uWhKtl.

FOE JAPAN, "[후쿠시마 기억하기 프로젝트] 후쿠시마현
　　　도미오카마치로 귀환한 미타쿠라 마사오씨", https://youtu.be/
　　　sRvLriNl1p0?si=aJg7icFXWngLRmas

조원희 「전세 제도의 미래」

마스다 히로야, 김정환 옮김, 『지방 소멸』(와이즈베리, 2015).

정민수 외, 「지역 간 인구 이동과 지역 경제」, 한국은행, 2023년 11월
　　　2일.

조원희 외, 『국민연금기금의 공공임대주택 투자 타당성 연구』,
　　　서울주택도시공사·한국사회경제학회(2017).

조원희 외, 「한국의 초저출산과 국민연금 기금의 사회적 투자」,
　　　《한국인구학》 제41권 제2호(2018).

지수 「집이 없어, 하지만!」

김선미, 「주거복지, 주거권 그리고 주거빈곤의 실태」(내만복학교 발표
　　　자료, 2015).

민달팽이유니온, 「민달팽이유니온 청년 주거 문제 분석 및 정책 제안
　　　결과보고서」(2022).

KBS, 「월세에 갇힌 꿈… 청년, 집을 포기하다」(2023. 6. 11.).

이재임 「쪽방의 장례식」

정택진, 『쪽방촌의 어제와 오늘』(빨간소금, 2021).

『2017 홈리스 생애기록집』.

국토부, 「2022 주거실태조사」.

송진식, 「윤 정부 삭감한 5.7조원 규모 공공임대 예산, 6600억원만
'찔끔' 부활」, 《경향신문》, 2022년 12월 24일.

김호성 「마지막 둥지를 찾아서」

베른트 하인리히, 이경아 옮김, 『귀소본능』(더숲, 2017).

강지연, 「활성화되는 시간 '말기'와 말기돌봄의 시간성: 서울 한
상급종합병동 말기암 병동의 사례를 중심으로」, 《한국문화인류학》
54(2)(2021).

한국보건사회연구원, 「호스피스 완화의료 활성화 방안」(2015).

Byholm, P., Beal, M., Isaksson, N., Lötberg, U., &
Åkesson, S., "Paternal transmission of migration
knowledge in a long-distance bird migrant," *Nature
communications* 13(1)(2022).

D. Clark, "'Total pain', disciplinary power and the body in
the work of Cicely Saunders, 1958~1967," *Soc Sci
Med*(1999).

지난 호 목록

인문잡지 한편

13

집

글
영이, 김영욱, 이지선, 박진영, 육주원,
오은정, 조원희, 지수, 이재임, 김호성

편집
신새벽, 김세영, 맹미선, 이한솔

디자인
유진아

발행일
2024년 1월 19일

발행인
박근섭, 박상준

펴낸곳
(주)민음사

등록일 / 등록번호
2020년 5월 20일
강남, 사00118

주소
서울시 강남구 도산대로1길 62(신사동)
강남출판문화센터 5층(06027)

대표전화
02-515-2000

홈페이지
www.minumsa.com

값 10,000원

ISBN / ISSN
978-89-374-9165-8 04100
2733-5623